Blumen

einfach und sicher bestimmen

➤ Kennfarben-Code 2–3
➤ So bestimmen Sie 4–5
➤ Einleitung 6–23
➤ Blumen bestimmen 24–185
➤ Register, Anhang 186–192

Und so finden Sie sich zurecht

Bestimmen Sie zunächst mit dem
Kennfarben-Code:

➤ **Rote Blütenfarbe**
Seite 26–63

Hier finden Sie alle Blumen mit Blüten in rötlichen Farbtönen: von Zartrosa über Rot und rötliches Violett bis Rotbraun.
(Bild: Kartäusernelke)

➤ **Weiße Blütenfarbe**
Seite 64–99

Hier finden Sie alle Blumen mit Blüten in weißen Farbtönen, von Schneeweiß bis Cremeweiß, sowie solche mit vorwiegend weißen Blüten.
(Bild: Margerite)

➤ **Blaue Blütenfarbe**
Seite 100–127

Hier finden Sie alle Blumen mit Blüten in blauen Farbtönen: von Zartblau über Tiefblau bis hin zu Blauviolett.
(Bild: Gamander-Ehrenpreis)

Im Bestimmungsteil sind die Blumen nach der Farbe ihrer Blüten in fünf Farbgruppen eingeteilt.

➤ Gelbe Blütenfarbe Seite 128 – 173

Hier finden Sie alle Blumen mit Blüten in gelben Farbtönen: von Blassgelb über grünliches Gelb bis Orangefarben.
(Bild: Löwenzahn)

➤ Grüne oder unscheinbare Blüten Seite 174 – 185

Hier finden Sie alle Blumen mit grünlich gefärbten oder sehr kleinen, unauffälligen Blüten.
(Bild: Strahlenlose Kamille)

Aufbau der Blüten:

Innerhalb der Farbgruppen sind die Blumen nach dem Aufbau bzw. der Symmetrie ihrer Blüten geordnet.

Blüte fünf- und mehrblättrig

zusammengesetzte Scheinblüte

Blüte vierblättrig

Blüte spiegelsymmetrisch

So bestimmen Sie einfach und sicher

Blüte blau, zusammengesetzte Scheinblüte

Kornblume

Centaurea cyanus

Merkmale: Die auffallende, blau blühende Pflanze erreicht eine Höhe von 30 – 60 cm ①. Ihr aufrechter, verzweigter Stängel ist kantig und weißwollig behaart. Auch die schmalen, lediglich im unteren Bereich des Stängels gespaltenen Blätter tra[illegible]n spinnwebartigen Haarfilz, sodass s[illegible]ün wirken ②. Die Hüllblätter des Bl[illegible]rbs sind mit einem schwarzen Fransenrand versehen ③.
Vorkommen: Vor allem in Getreidefeldern.
Besonderes: Wie auch andere Getreidepflanzen war die Kornblume durch die Saatgutreinigung stellenweise vollkommen verschwunden. Aufgrund von Arten- und Biotopschutzmaßnahmen scheint sie zumindest in manchen Gegenden wieder häufiger zu werden. Ihre ursprüngliche Heimat ist wahrscheinlich der Orient, von wo sie mit dem Getreideanbau in den Westen und Norden exportiert wurde.

Typisch
Die am R[illegible]des Blütenko[illegible]nden Einzel[illegible]d stark vergröße[illegible] und strahlenförmig angeordnet ④. Ihr typisches Blau macht die Kornblume unverwechselbar.

1. Schritt: Vergleichen mit dem Hauptbild

Das Hauptbild zeigt die Art als Ganzes oder mit charakteristischen Merkmalen in ihrer natürlichen Umgebung. Verwechselbare Arten stehen meist untereinander.

2. Schritt: Identifizieren von Bestimmungsmerkmalen

Die beiden Grafiken und das zusätzliche Foto heben die typischen Bestimmungsmerkmale deutlich hervor und geben wichtige Zusatzinformationen. Anhand dieser Merkmale lässt sich eine Art meist schon zweifelsfrei bestimmen.

3. Schritt: Bestimmungstext

Im Bestimmungstext werden die wesentlichen Bestimmungsmerkmale der gezeigten Blume in verständlicher Sprache beschrieben. Durch Zahlenverweise wird jeweils der Bezug zu den Fotos und Grafiken hergestellt. Darüber hinaus finden Sie hier Angaben über die Verbreitung und den Lebensraum der dargestellten Art in Mitteleuropa – ebenfalls häufig eine Hilfe beim Bestimmen – sowie ergänzende Informationen über allgemein Wissenswertes oder verwandte bzw. ähnlich aussehende Arten.

4. Schritt: Die Jahresuhr

Die grau getönten Sektoren geben die hauptsächliche Blütezeit der Pflanze an. Aufgrund verschiedener klimatischer Bedingungen und Wetterverläufe sowie durch unterschiedliche Höhenlagen kann es in der Natur allerdings zu Abweichungen kommen.

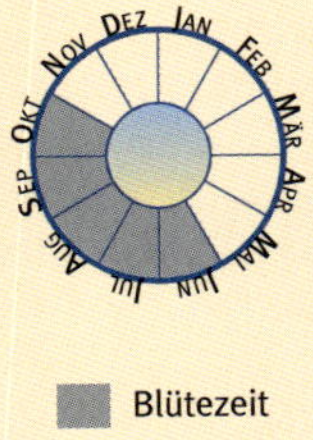

5. Schritt: Infokasten

Wichtige zusätzliche Hintergrundinformation gibt der farbig unterlegte Infokasten. Alle Elemente zusammen ermöglichen die genaue Bestimmung der gesuchten Art.

Typisch

Die am Rand des Blütenkorbs stehenden Einzelblüten sind stark vergrößert und strahlenförmig angeordnet ④. Ihr typisches Blau macht die Kornblume unverwechselbar.

Blumen

› Die Honigbiene ist vom Blütenstaub des Löwenzahns eingehüllt.

Die faszinierende Welt unserer Blumen

Seit jeher haben Blumen durch ihre zarte Schönheit, durch ihre fantasievollen Formen und ihre wunderbaren Farben die Menschen fasziniert. Blumen gedeihen an recht unterschiedlichen Standorten, etwa auf Wiesen, Äckern, in Wäldern, aber auch auf Schuttplätzen, an Wegen und Bahndämmen. So unterschiedlich diese Lebensräume sind, so vielfältig ist ihr typisches Pflanzenkleid.

Die Auswahl der Arten

Die heimische Natur bietet eine kaum überschaubare Fülle von rund 3000 Blumenarten, allesamt krautige Pflanzen, deren Triebe, anders als bei Sträuchern, nicht verholzen und die in den meisten Fällen auffallende Blüten hervorbringen. Sie sind die farbenprächtigsten unter den Pflanzen und schmücken unsere Umwelt vom zeitigen Frühjahr bis zum Herbst.

Klarheit durch lateinische Namen

Viele Pflanzenarten haben mehrere Namen, oft wird derselbe Name für unterschiedliche Arten verwendet. So ist »Löwenzahn« eine Sammelbezeichnung für zahlreiche ähnliche Pflanzen. Erst der lateinische Name ermöglicht eine eindeutige Zuordnung. Unabhängig von der jeweiligen Landessprache ist z. B. *Taraxacum officinale* der Name des wohl bekannten Löwenzahns (Kuhblume), während *Leontodon hispidus* den weniger geläufigen Rauen Löwenzahn bezeichnet.

Die 160 häufigsten und am weitesten verbreiteten Blumen, die jeder bei Spaziergängen und auf Wanderungen entdecken kann, werden in diesem Naturführer ausführlich in Bild und Wort vorgestellt. Darüber hinaus sind oft weitere ähnliche und daher leicht verwechselbare Blumen mit ihren Merkmalen angeführt.

› Roter Fingerhut

Ordnung der Arten

Die Reihenfolge der Arten in diesem Band geht ausschließlich von der äußerlichen Ähnlichkeit der Arten aus. Blumen, die sich in Farbe, Blütenform, Wuchsform oder Lebensraum besonders ähnlich sind, stehen meistens auf einer Seite. Damit sollen das Auffinden und Vergleichen gesuchter Blumen erleichtert werden.

› Gewöhnlicher Augentrost

› Dolden der Wilden Möhre

› Wald-Vergissmeinnicht

Das wichtigste Merkmal

Bei den Wildpflanzen haben wir es mit einer großen Vielfalt an Farben und Formen zu tun. Ein Ordnungsprinzip in dieser Vielfalt zu erkennen ist für botanische Laien nicht ganz leicht. Auffälligstes Merkmal fast aller Wildpflanzen ist ihre Blüte – im Leben der Pflanze der Höhepunkt, denn sie sichert den Fortbestand der Art. Farbe, Form und Duft der Blüte dienen in erster Linie dem Anlocken von Insekten. Gleichzeitig aber sind Blütenfarbe und -form der Blumen für den Betrachter die erste und wichtigste Bestimmungshilfe.

Eine in allen Farben blühende Wiese bietet einen faszinierenden Anblick.

Die Farben der Blumen

Die Farbenpracht der Blüten dient vor allem dazu, die Aufmerksamkeit der bestäubenden Insekten zu erregen. Verschieden ausgeprägte und gefärbte Zeichnungen, etwa Strichmuster, Punkte oder Punktreihen, erhöhen noch die Attraktivität der Blüten für die summenden Besucher. Gleichzeitig stellt aber die Farbe auch das markanteste Bestimmungsmerkmal einer Blüte dar.

Die Farbgruppen

Rein rote Blüten wie jene des Klatschmohns kommen in der heimischen Natur kaum vor. Vielmehr umfasst die Farbgruppe

Vogelwicke

Waldstorchschnabel

Wiesenstorchschnabel

Rot Blüten von einem zarten Rosa über Karmin und Purpur bis zu hellem Lila, Rotviolett und Rotbraun. Oft etwas problematisch ist die Zuordnung der violetten Blüten: Die eher rötlich oder helllila wirkenden sind in der Kategorie Rot zu finden, die blauvioletten Arten in der Farbgruppe Blau.
Zur Farbgruppe Weiß gehören neben schneeweißen oder cremeweißen Blumen auch solche Arten, deren Blüten wie bei der Schafgarbe zuweilen ins Rötliche gehen oder wie beim Augentrost Farbflecken tragen.
Die Farbgruppe Blau schließt hell- bis dunkelblau und kräftig blauviolett gefärbte Blüten ein. Dazu gehören aber auch Blütenfarben im Übergangsbereich zu Rot, etwa bei der Vogelwicke oder mitunter beim Leberblümchen.
Die Farbgruppe Gelb umfasst Blumen von Blassgelb bis zum kräftigen Dottergelb. Aber auch gelb blühende Blumen mit farbiger Zeichnung, etwa das Ackerstiefmütterchen, sind hier eingeordnet.

Wechselnde Blütenfarben

Bei manchen Pflanzen verändert sich die Blütenfarbe mit der Zeit, so etwa beim Vergissmeinnicht und beim Echten Lungenkraut von Rosarot nach Blau. Andere Arten, z. B. der Hohle Lerchensporn, bringen gelegentlich einzelne Exemplare mit anderer Blütenfarbe hervor. Nicht zuletzt wirken die Farbtöne abhängig vom Tageslicht und Standort oft recht unterschiedlich.

› Leberblümchen können hellblau bis rötlich violett blühen.

› Vom Hohlen Lerchensporn gibt es rötlich und weiß blühende Pflanzen.

› Das Lungenkraut ändert seine Farbe von Rosa nach Blau.

› Oft sind die Blüten der Schafgarbe rosa überhaucht.

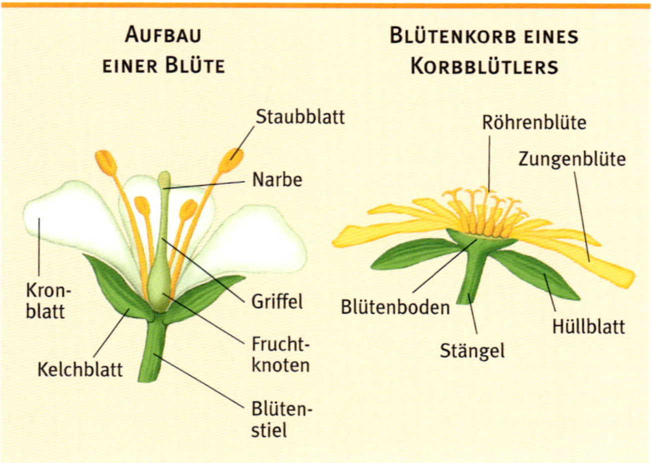

Die Formen der Blüten

Trotz der großen Vielfalt im Aussehen lassen sich bei jeder Blüte bestimmte Blattorgane erkennen. Von außen nach innen sind dies die Kelchblätter, die Kronblätter, die Staubblätter und die Fruchtblätter: alles speziell umgestaltete Blätter. Bei der Bestimmung einander sehr ähnlicher Arten kommt es häufig auf die Details dieser Blütenbestandteile an.

Die Kelchblätter

Die Kelchblätter sind die äußersten Hüllen einer Blüte, sie schützen die inneren Blütenteile während der Knospenzeit. In der Regel sind sie klein und grün gefärbt. Ihre Anzahl und Form ist ein wichtiges Bestimmungsmerkmal. Bei manchen Blumen, etwa den Nelken, bilden die miteinander verwachsenen Kelchblätter eine Kelchröhre mit charakteristischem Rand.

Die Kronblätter

Die Kronblätter, die man oft vereinfachend auch als Blütenblätter bezeichnet, sind meist der auffälligste Teil der Blüte und bestimmen im Wesentlichen ihr Erscheinungsbild. Bei vielen Arten sind sie weit ausgebreitet, bei anderen zu einer Röhre, einem Becher oder Trichter verwachsen.

Die Staubblätter

Die Staubblätter erzeugen große Mengen an winzigen Blütenstaubkörnchen, den Pollen. Die Zahl der Staubblätter und die Färbung des Pollens können eine wertvolle Bestimmungshilfe sein.

Die Fruchtblätter

Die Fruchtblätter stehen in der Mitte der Blüte. Bei den meisten Pflanzen sind sie zu einem hohlen Fruchtknoten verwachsen, der durch den Griffel nach oben verlängert ist und mit einer klebrigen Narbe endet.

Einigkeit macht stark

Viele Pflanzen haben kleine, unscheinbare Blüten. Um auffälliger zu werden, stehen diese oft nicht einzeln, sondern in lockeren bis dichten Blütenständen, die wie eine einzige riesige Blüte aussehen.

Pflanzen mit Köpfchen

Viele Blumen, so die bekannte Margerite, haben Blütenköpfe, die wie eine einzige Blüte aussehen. Bei genauer Betrachtung zeigt sich jedoch, dass sie aus zahlreichen Einzelblüten bestehen. Diese sind häufig winzig klein und wirken erst in ihrer Gesamtheit. Die gelben Blüten, die auf dem Blütenboden in der Mitte stehen, sind die Röhrenblüten, die weißen, lang gezogenen Gebilde am Rand die Zungenblüten. Blumen wie die Margerite bezeichnet man als Korbblütler (siehe Grafik S. 12).

› Bei der Ackerwinde sind die Kronblätter verwachsen.

› Die Blüten der Wasserschwertlilie sind spiegelsymmetrisch.

› Das Drüsige Springkraut hat spiegelsymmetrische Blüten.

› Die Blüten der Knäuelglockenblume stehen dicht beieinander.

Wuchsform der Blumen

Jede Pflanzenart zeigt eine charakteristische Wuchsform: Die einen wachsen senkrecht nach oben, die anderen kriechen am Boden, die einen werden meterhoch, die anderen nur wenige Zentimeter groß. Stehen z. B. beim Bärlauch die Blütenstände auf relativ langen, aufrechten und unverzweigten Stängeln, so entwickeln sich die Blüten der Wegwarte an stark verästelten Stängeln. Auf nur kurzen Stielen schmiegt sich das Stängellose Leimkraut polsterförmig dem Boden an, was für viele Gebirgspflanzen typisch ist. Die auffallenden Blütenstände der Kanadischen Goldrute hingegen ragen auf oft mannshohen Stängeln empor. Und während der Frühlingskrokus nur 15 cm hoch wird, erheben sich die Blütenkerzen des Blutweiderichs auf bis zu 1,20 m hohen, zum Teil verzweigten Stängeln über ihre Umgebung.

› Der Bärlauch hat grundständige Blätter und lange, aufrechte Blütenstängel.

Der Stängel

Der Stängel ist der blättertragende Teil der Pflanze. Er leitet Wasser und verschiedene Stoffe von der Wurzel zu den Blättern, andere Stoffe wiederum von den Blättern zurück in die unterirdischen Teile der Pflanze. Der Stängel ist durch so genannte Knoten in Abschnitte unterteilt. Den Knoten entspringen die Blätter, bei vielen Pflanzen auch die Seitenzweige. Die unterschiedliche Beschaffenheit des Stängels liefert oft wichtige Bestimmungshinweise.
Der Stängel kann dünn wie ein Faden, so beim Zimbelkraut, oder dick wie ein Knüppel, wie bei der Königskerze oder dem Riesenbärenklau, sein. Bei Acker- und Zaunwinde wächst der biegsame Stängel kletternd zum Licht, indem er sich um andere Pflanzen oder Gegenstände windet – anders als die Vogelwicke, die mithilfe spezieller Wickelranken an den Blättern zu klettern vermag.

Hohl oder gefüllt?

Der Stängel des allbekannten Löwenzahns ist innen hohl und führt einen weißen Milchsaft, der Stängel des Rauen Löwenzahns hingegen ist mit Mark gefüllt. Dieses

Merkmal kann somit den entscheidenden Hinweis für eine richtige Bestimmung liefern.

Die Form des Stängels

Auch die Form des Stängels im Querschnitt ist für das Erkennen einer Art häufig wichtig. Bei vielen Pflanzen ist der Stängel rund. Manche, etwa der Spitzwegerich, weisen entlang des Stängels Längsfurchen auf. Ebenso kann der Stängel kantig ausgebildet sein, etwa zweikantig wie beim Echten Johanniskraut oder vierkantig wie beim ähnlichen Gefleckten Johanniskraut.

Haare und Stacheln

Bei vielen Pflanzen ist die Oberfläche des Stängels und der Blätter nicht glatt, sondern trägt, etwa beim Beinwell, dem Zottigen Weidenröschen, dem Klatschmohn und vielen weiteren, wollige, filzige, flaumige, borstige oder anders beschaffene Haare. Beim Klebrigen Salbei deutet bereits der Name auf die Besonderheit klebriger Haare hin. Für andere wiederum, etwa die Disteln, sind stachelige Auswüchse an allen oder nur bestimmten Pflanzenteilen typisch.

Form der Stängel

› Das Stängellose Leimkraut bildet niedrige Polster am Boden.

› Der Stängel des Blutweiderichs verzweigt sich nur im oberen Bereich.

› Der Frühlingskrokus bleibt stets niederwüchsig.

› Die gefiederten Blätter des Gänsefingerkrauts haben gezackte Ränder.

Die Blätter der Blumen

Aufgabe der Blätter ist es, möglichst viel Licht für die Photosynthese einzufangen, den Energiegewinnungsprozess, der für das Wachsen und Gedeihen der Pflanze unerlässlich ist. Daher sind die Blätter so angeordnet, dass sie sich nicht unnötig gegenseitig beschatten. Aus demselben Grund sind die oberen Blätter einer Pflanze meist kleiner als die unteren.

Bestimmungshilfe Blätter

Für die Bestimmung einer Pflanzenart spielen die Blätter eine wesentliche Rolle, denn die Blüte ist nun einmal nicht das ganze Jahr über vorhanden. Die Blattform und -farbe, die Blattstellung am Stängel und die Ausprägung der Blattränder ermöglichen auch ohne Blüte ein eindeutiges Erkennen der Pflanze. Botaniker unterscheiden zahlreiche Blattformen, und auch für die vielfältige Beschaffenheit der Blattränder gibt es verschiedene Fachausdrücke. In diesem Buch sind die Blattformen und -ränder zu einigen Gruppen zusammengefasst (siehe Grafik).

Blattstellungen

Die Blattfläche, auch Blattspreite genannt, sitzt häufig an einem Blattstiel, manchmal aber auch ungestielt direkt am Stängel. An diesem wechseln sich Bereiche mit Blattansätzen, den Knoten, und ohne Blattansätze ab. Entspringt aus einer Blattansatzstelle nur auf einer Seite ein Blatt bzw. Blattstiel, spricht man von wechselständiger Blattstellung. Wenn von einer Blattansatzstelle zwei gegenüber-

liegende Blätter oder Blattstiele ausgehen, handelt es sich um gegenständige Blätter.
Bei der grundständigen Blattstellung wachsen alle Blätter bzw. Blattstiele aus einem Knoten am Boden – wie etwa beim Gänseblümchen.

Formenvielfalt der Blätter

Wenn die Blattfläche als eine Einheit ausgebildet ist, spricht man von einfachen Blättern. Ist sie in mehrere Teile gegliedert, handelt es sich um zusammengesetzte Blätter. Nicht nur die Blätter verschiedener Arten sind unterschiedlich, auch die Blätter ein und derselben Pflanze sind häufig verschieden geformt. So sehen die unteren, die grundständigen Blätter mancher Pflanzen – etwa bei der Gewöhnlichen Wegwarte – völlig anders aus als die oben am Stängel sitzenden Blätter.
Vereinfachend wurden die verschiedenen Blattformen in drei Gruppen eingeteilt: rundliche bis ovale, längliche bis spitz zulaufende sowie gefiederte Blätter.

Blattränder

Ein weiteres wichtiges Bestimmungskriterium ist die Ausprägung des Blattrands. Im Wesentlichen sind vier Formen zu unterscheiden: glatte Blattränder wie etwa beim Maiglöckchen, gezackte Ränder wie bei der Brennnessel, gekerbte wie beim Gundermann und eingebuchtete Blattränder, wie man sie vom Löwenzahn kennt.

Blütezeit der Blumen

Verhältnismäßig wenige Blumen blühen vom Frühling bis in den Herbst hinein. Und nur in milden Wintern können etwa das Gänseblümchen oder das Greiskraut ganzjährig blühen. In der Regel ist die Blütezeit auf bestimmte Monate des Jahres beschränkt.

Unterschiedliche Blütezeiten

Die Angaben zur Blütezeit bei den Artbeschreibungen erleichtern die Bestimmung und helfen Verwechslungen zu vermeiden. So ist beispielsweise die Herbstzeitlose schon allein durch ihre Blüte im Spätsommer und Herbst einfach von dem im Frühjahr blühenden Frühlingskrokus zu unterscheiden. Allerdings ist die Blütezeit stark von äußeren Faktoren wie Standort, Klima und Witterung abhängig und kann sich um etliche Wochen verschieben. Eine spätere Blütezeit als üblich ist vor allem mit ansteigender Höhenlage im Gebirge zu beobachten. Nicht wenige Blumen vermögen bei günstiger Witterung nach ihrer eigentlichen Blütezeit ein zweites Mal zu blühen, wobei diese Nachblüte gewöhnlich deutlich schwächer ausfällt als die Hauptblüte.

Dem Schnee zum Trotz

Bereits im Februar, wenn vielerorts noch Schnee liegt, erscheinen auf stärker sonnenbestrahlten Flächen die ersten Boten des Frühjahrs: Huflattich, Leberblümchen und die große Pestwurz. Bald darauf auch öffnen die ersten Schlüsselblumen ihre Blüten.

Beginnende Blütenpracht

Der Frühling ist vor allem die Zeit der Waldblumen. Diese entfalten sich, solange das Kronendach der Bäume noch nicht geschlossen ist. Lungenkraut, Buschwindröschen und Lerchensporn bilden dann oft weitflächige bunte Blütenteppiche. Später, wenn sich die Bäume belauben und kaum noch Licht zum Waldboden vordringt, zieren nur noch wenige schattenverträgliche Blumen den Waldboden, etwa die Weißwurz oder der Waldmeister.

Farbenrausch

Ab dem Frühsommer gibt es in den meisten Lebensräumen – mit

Huflattich

Frühlingsschlüsselblume

Vorfrühling

Hainveilchen

Echte Kamille

Frühling

Die Wiese im Jahreslauf

Zeitig im Frühjahr zeigt sich eine Blumenwiese in sattem, kräftigem Grün, das durch die zarten Blüten der Gänseblümchen aufgelockert ist. In der zweiten Aprilhälfte setzt das rötliche Wiesenschaumkraut eine erste Welle pastellfarbener Blüten in Gang, gefolgt vom gelben Löwenzahn und dem Scharfen Hahnenfuß. Etwas später mischen sich durch Wiesenkerbel, Bärenklau, Margerite und Wiesenlabkraut weiße Farbnuancen, durch Kuckuckslichtnelke, Rotklee und Wiesenflockenblume Rottöne und durch Glockenblumen und Wiesenstorchschnabel helles Blau zum bislang vorwiegenden Gelb.

Im Frühsommer erreicht die Buntheit der Wiese ihren Höhepunkt. Nach der zweiten Mahd im Spätsommer wird die herbstliche Wiese wieder vom Grün beherrscht.

Ausnahme des Waldes – eine zunehmende Vielfalt an Blumen zu entdecken. Klatschmohn und Kornblumen zieren die Getreidefelder. Blutweiderich, Labkraut, Ackerglockenblume, Lupine, Weidenröschen, Natternkopf, Skabiose und viele andere schmücken Lebensräume wie Wiesen, Weiden, Äcker, Waldlichtungen und Straßenränder.

Herbstboten

Wenn der Herbst Einzug hält, wird die Vielfalt an Blüten in der Natur merklich geringer. Bei günstigen Wetterbedingungen allerdings zeigen auch Blumenarten, deren Blütezeit bereits im Sommer beginnt, ihre Blüten bis Ende Oktober oder noch länger. Dazu gehören neben Fuchs' Greiskraut auch z. B. der Rainfarn oder der Klebrige Salbei.

Gewöhnliche Lupine

Schmalblättriges Weidenröschen

Fuchs' Greiskraut

Herbstzeitlose

Sommer

Herbst

Lebensräume der Blumen

Nach dem Buschwindröschen wird man auf einer Wiese vergebens Ausschau halten, Kornblumen wachsen nicht im Wald, und die Sumpfdotterblume könnte in einer Trockenwiese nicht überleben. Manche Pflanzen stellen keine besonderen Ansprüche und sind nahezu überall zu finden. Andere sind jedoch Spezialisten, die für ihr Gedeihen ganz bestimmte Voraussetzungen brauchen und sich perfekt an ihren Lebensraum angepasst haben.

Lebensbedingungen für Blumen

Ob der Boden feucht oder trocken ist, kann der Beobachter meist auf den ersten Blick erkennen. Aber auch zahlreiche andere Bedingungen sind für das Gedeihen von Pflanzen von Bedeutung. Das Zusammenwirken der Lichtverhältnisse, des Wasserangebots, der klimatischen Verhältnisse, des Windes, der Bodenbeschaffenheit und des Nährstoffangebots sowie einige weitere Faktoren lassen grundverschiedene Lebensräume mit vielfältigen Pflanzengesellschaften entstehen. Nicht zuletzt spielt es auch eine Rolle, inwieweit sich die Blumen gegen konkurrierende Nachbarpflanzen durchsetzen müssen. Da die einzelnen Arten in typischen Lebensräumen zu finden sind, spielen auch die Angaben zum Vorkommen eine wichtige

Leberblümchen

Lebensraum Wald

Der blühende Bärlauch bedeckt den Boden des Auwaldes wie ein weiß-grüner Teppich. Typische Waldblumen sind auch Buschwindröschen und Leberblümchen. Sobald sich das Kronendach des Waldes geschlossen hat, endet die Blütenpracht wieder.

Kratzdistel

Lebensraum Wiese und Weide

Nur ein kleiner Teil dieser Lebensräume ist ursprünglich, meist gehen sie auf Abholzung von Wäldern zurück. Sie zeichnen sich durch geringe Beschattung durch Gehölze aus und beherbergen eine farbenfrohe Blumenwelt.

Rolle für die Bestimmung einer Art. So unterscheiden sich etwa das Breitblättrige und das Stattliche Knabenkraut bereits durch ihre unterschiedlichen Standorte.

Pflanzengesellschaften

In der Natur kann man zahlreiche Lebensräume unterscheiden. Beispielhaft sind hier vier wichtige Lebensräume heimischer Wildpflanzen dargestellt, die sich deutlich voneinander unterscheiden. Jeder beherbergt eine ganz spezielle Pflanzengesellschaft, eben jene Arten, die sich genau an die hier herrschenden Bedingungen angepasst haben. So benötigen etwa Wiesenpflanzen, anders als die Waldpflanzen, besonders viel Licht. Brachliegender Boden wird rasch von schnell wachsenden Pflanzen, den so genannten Pionierarten besiedelt. Nach einiger Zeit verschwinden sie meist wieder und machen anderen, langlebigeren Arten Platz. Ein Lebensraum für ausgesprochene Spezialisten unter den Pflanzen sind die Feuchtgebiete, denn nur wenige vertragen dauernde Feuchtigkeit.

Was die Farben verraten

Magerwiesen und nur wenig gedüngte Mähwiesen mit nährstoffarmem Boden bringen die größte Vielfalt an Blumen und damit auch an Farben hervor. Überdüngte Fettwiesen werden hingegen durch die Überzahl von Löwenzahn und Scharfem Hahnenfuß von gelben Farbtönen dominiert.

Klatschmohn

Lebensraum Acker und Brachland

Auch Äcker und brachliegende Flächen bilden wichtige Lebensräume. Sie werden rasch von lichthungrigen Arten wie dem Franzosenkraut, Ackerhellerkraut, von Klatschmohn, der Wegwarte und vielen anderen Arten besiedelt.

Weiße Seerose

Lebensraum Feuchtgebiet

Nur bestimmte Arten sind an ein Übermaß an Wasser angepasst. Feuchtwiesen, Moore, Sümpfe und Verlandungszonen sind wertvolle Lebensräume, in denen geschützte Pflanzen wie Knabenkräuter gedeihen.

Blumenwiesen und Wiesenblumen

Prächtig blühende Wiesen oder Weiden gehören zu den schönsten Anblicken, die uns die Natur zu bieten hat. Allerdings geht diese Schönheit, die auf der außergewöhnlichen Vielfalt der Blumenarten in diesem Lebensraum beruht, ursprünglich nicht auf die Natur allein zurück.

Kulturlandschaft Wiese

Erst der Mensch hat durch seine landschaftsverändernde und -gestaltende Tätigkeit die Voraussetzungen für das Entstehen der Wiesen geschaffen. Wiesen sind meist Kulturlandschaften, die nur durch regelmäßiges Mähen ihr Aussehen bewahren. Ohne Mahd würden manche Blumen ganz verschwinden, denn andere konkurrenzstarke Arten würden sich übermäßig ausbreiten. Weiden hingegen sind offene Graslandschaften, die durch das Vieh beweidet werden. Die Zähne der Tiere ersetzen hier sozusagen Sense und Mähmaschine.

Wiese ist nicht gleich Wiese

Aufgrund sehr unterschiedlicher Bedingungen bezüglich Feuchtigkeit, Licht, Meereshöhe, der klimatischen Verhältnisse, der Beschaffenheit des Bodens sowie weiterer Faktoren haben sich recht verschiedenartige Wiesentypen entwickelt, die durch das Vorkommen bestimmter Pflanzenarten charakterisiert sind.

TROCKENWIESE

Trocken- oder Magerwiesen findet man überwiegend auf nährstoffarmen und trockenen Böden. Sie werden nicht gedüngt und nur einmal jährlich gemäht. Dornige Hauhechel (kleines Bild), Margerite, Wiesensalbei, Nickendes Leimkraut, Kleines Habichtskraut und Wiesenbocksbart sind z. B. Arten auf Trockenwiesen.

KALKMAGERRASEN

Kalkmagerrasen gehören in Mitteleuropa zu den buntesten und artenreichsten Lebensgemeinschaften. Zu den typischen Blumenarten zählen u. a. die Kartäusernelke, die Taubenskabiose, das Echte Labkraut, der Wiesensalbei (kleines Bild), die Ackerwitwenblume und die Rundblättrige Glockenblume.

Feuchtwiesen

Feucht- und Moorwiesen sind durch einen hohen Grundwasserspiegel und ständige Staunässe charakterisiert. Sie sind überall in Mitteleuropa stark bedroht. Auf solchen Wiesen gedeihen beispielsweise Knabenkräuter, die Sumpfdotterblume (kleines Bild), die Kuckuckslichtnelke und das Wiesenschaumkraut.

Fettwiesen

Bei übermäßiger Düngung werden Mähwiesen zu fast nur noch gelb blühenden Monokulturen. Die ursprünglich bunte Artenvielfalt der Mähwiesen kann sich nicht mehr entfalten. Arten mit hohem Nährstoffbedarf wie Löwenzahn (kleines Bild) und Scharfer Hahnenfuß sind besonders typisch für Fettwiesen.

Bergwiesen

Die artenreichen Bergwiesen mit ihren charakteristischen Blumen, die oft auffallend große Blüten tragen, sind an der Waldgrenze und oberhalb davon zu finden. Zu den typischen Arten gehören die Gewöhnliche Flockenblume (kleines Bild), die Trollblume, die Knäuelglockenblume und der Waldstorchschnabel.

Mährasen

Dieser an Blumenarten arme Lebensraum ist aus Gärten und Parkanlagen jedem gut vertraut. Zwischen den widerstandsfähigen und wuchsstarken Gräsern behaupten sich nur wenige Blumen, so beispielsweise Gänseblümchen (kleines Bild), Weißklee, Gewöhnliche Braunelle und Fadenehrenpreis.

Blumen bestimmen

Rote Blütenfarbe
Seite 26 – 63

Weiße Blütenfarbe
Seite 64 – 99

Blaue Blütenfarbe
Seite 100 – 127

Gelbe Blütenfarbe
Seite 128 – 173

Grüne oder unscheinbare Blüten
Seite 174 – 185

Wiesenschaumkraut

Cardamine pratensis

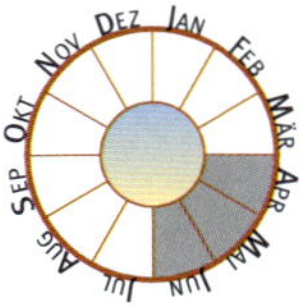

MERKMALE: Die zierliche Wiesenpflanze ① erreicht eine Höhe von 30–55 cm. Am Grund setzen sich ihre gefiederten Blätter aus rundlichen ②, am hohlen Stängel dagegen aus schmalen ③ Teilblättchen zusammen. Die zartrosa bis rosaroten, zuweilen weißen Blüten sitzen vor allem am Stängelende ④. Gewöhnlich weisen sie vier Kronblätter auf, doch kommen immer wieder auch Exemplare mit höherer Blütenblattanzahl vor. Nach der Blüte entwickeln sich am Stängel schmale, bis zu 4 cm lange Schoten, die die Samen enthalten.

TYPISCH

An den rundlichen Fiederblättchen am Grund des Stängels ist das Wiesenschaumkraut auch außerhalb der Blütezeit leicht zu erkennen.

VORKOMMEN: Das Wiesenschaumkraut wächst in ganz Mitteleuropa auf feuchten Fettwiesen sowie in lichten, feuchten Laubwäldern.

BESONDERES: An der Pflanze befinden sich nicht selten auffällige Schaumgebilde, im Volksmund Kuckucksspeichel genannt. Sie stammen von den Larven der Schaumzikaden, die hier Pflanzensaft saugen.

Zwiebeltragende Zahnwurz

Dentaria bulbifera

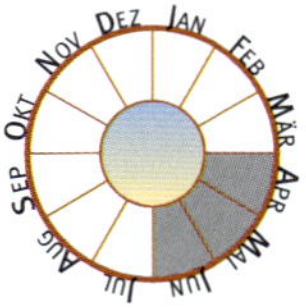

MERKMALE: Die Wuchshöhe der Pflanze beträgt etwa 30–50 cm ①. Während die unteren Blätter gefiedert sind ②, befinden sich im oberen Bereich des Stängels ungeteilte Blätter ③, in deren Achseln schwarze, zahnartige Bulbillen ④ sitzen. Von diesen zwiebelähnlichen Brutorganen rührt der Name der Pflanze her. Die vier kreuzweise angeordneten Kronblätter weisen einen rosa bis hellvioletten Farbton auf.

VORKOMMEN: Die Pflanze ist ein typischer Waldbewohner. Sie bevorzugt schattige Laubwälder, vor allem Buchenwälder, im Bergland bis in etwa 1500 m Höhe.

TYPISCH

Die schwarzvioletten Bulbillen in den Blattachseln der Zwiebeltragenden Zahnwurz lassen keine Verwechslung zu.

BESONDERES: Die Klappen der Früchte (Schoten) rollen sich bei der Reife plötzlich nach oben und schleudern dabei die Samen aus. Daneben vermehrt sich die Pflanze auch auf ungeschlechtliche Art, indem sich die Bulbillen aus den Blattachseln lösen. Am Boden wachsen daraus unter günstigen Bedingungen dann neue Pflanzen. Manche dieser Brutorgane werden von Ameisen verschleppt, wodurch auch eine Fernverbreitung möglich ist.

1

2

3

4

1

2

3

4

Schmalblättriges Weidenröschen | *Epilobium angustifolium*

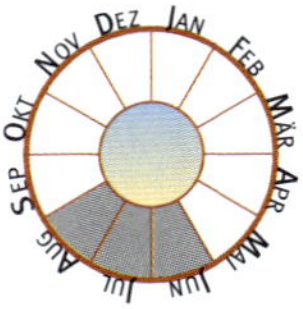

Merkmale: Das bis zu 1,50 m hohe Weidenröschen besitzt schmale, längliche Blätter ②, die über den ganzen Stängel verteilt sind. An den Stängelenden befinden sich die aufrechten, kerzenartigen Blütenstände, die durch die Blütengröße und die intensive Rosafärbung auffallen ①. Nach der Blüte fallen aus den länglichen Fruchtkapseln zahlreiche, mit Haarschöpfen versehene Samen ③. Wie beim Löwenzahn werden diese durch den Wind verbreitet.

Typisch
Die vierzähligen, großen Blüten sind meist etwas unregelmäßig geformt und stehen in langen, sehr reichblütigen Trauben.

Vorkommen: Die Pflanze besiedelt Waldlichtungen, Wegränder und Heiden und kommt auch noch in größeren Höhen im Schutz von Felsen, Mulden und Gebüschen vor. Dank der hohen Vermehrungsrate dieser Art können sich besonders auf Waldlichtungen und nach Bränden oft Massenbestände dieses Weidenröschens entwickeln.
Ähnliche Art: Fleischers Weidenröschen *(Epilobium fleischeri)* ④, das in den Alpen vorkommt, hat ebenso große Blüten, wird aber nur 50 cm hoch.

Zottiges Weidenröschen
Epilobium hirsutum

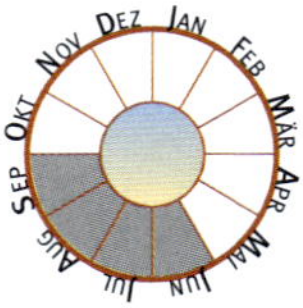

Merkmale: Typisch für das bis zu 1,20 m hohe Zottige Weidenröschen ① ist seine dichte Behaarung. Seine gegenständigen Blätter haben eine längliche Form ②. Auch bei dieser Weidenröschenart sitzen die rosafarbenen Kronblätter um einen auffallend langen, dünnen Fruchtknoten, der sich später zu einer vierkantigen Samenkapsel ③ entwickelt. Jedoch sind die Blütenblätter des Zottigen Weidenröschens stets regelmäßig angeordnet.

Typisch
Die weich behaarten Blätter des Zottigen Weidenröschens sitzen einander gegenüber und umfassen den Stängel ②. Seine Kelchblätter sind grün.

Vorkommen: Die Pflanze kommt an Gewässerufern und in Gräben oft massenhaft vor.
Besonderes: Entgegen ihrem Namen sind die Weidenröschen nicht mit den Rosen verwandt. Wie das Schmalblättrige bildet auch das Zottige Weidenröschen mithilfe unterirdischer Ausläufer ausgedehnte Bestände. Die mit Flughaaren besetzten Samen werden durch den Wind verbreitet.
Ähnliche Art: Das sehr schmalblättrige Rosmarin-Weidenröschen *(Epilobium dodonaei)* ④ wächst vor allem in tieferen Lagen der Alpen.

1

2

3

4

1

2

3

4

Klatschmohn

Papaver rhoeas

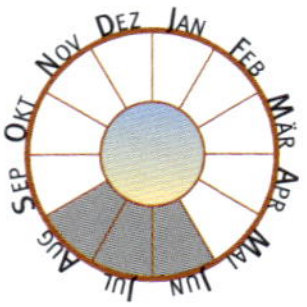

MERKMALE: Der 25–90 cm hohe Klatschmohn hat große, jedoch zarte Blüten ①, deren leuchtend rote Kronblätter an der Basis oft schwarze Flecken aufweisen. Zahlreiche dunkle Staubblätter locken mit ihrem Pollen Insekten an ②. Meist fallen die Blütenblätter innerhalb eines Tages ab. Zurück bleibt die Mohnkapsel, die sich bald vergrößert. Die tief fiederspaltigen Blätter ④ sind wie der Stängel borstig behaart.
VORKOMMEN: Vorzugsweise in Getreidefeldern, an Böschungen und auf Ödland; dank geringerem Einsatz von Unkrautvernichtern in der Verbreitung heute wieder zunehmend.
BESONDERES: Blätter, Stängel und Samenkapsel der Pflanze sondern einen Milchsaft ab, der verschiedene giftige Substanzen enthält. Da er bitter schmeckt und unangenehm riecht, wird die Blume von Weidetieren gemieden.

TYPISCH

Die Fruchtkapseln ③ des Klatschmohns sind dick eiförmig und unbehaart. In der Reife hebt sich der Deckel ab, und die kleinen, dunklen Samen werden durch den Wind herausgestreut.

Halbstrauchiger Ehrenpreis

Veronica fruticulosa

MERKMALE: Der Halbstrauchige Ehrenpreis ist eine 10–25 cm hohe Staude ①, deren Stängel im unteren Bereich verholzt. Die gegenständigen, bis 2,5 cm langen Blätter ② sind schmal oval geformt. Die etwa 1 cm breiten Blüten erscheinen in Trauben an den Stängelenden. Ihre Kelche sind tief in fünf schmale Zipfel geteilt. Das obere der vier zartrosa, dunkel geäderten Kronblätter ist etwas größer, das untere kleiner als die seitlichen. Nach der Blüte entwickeln sich kleine, gestielte Kapselfrüchte.
VORKOMMEN: Im gesamten Alpenraum in Felsspalten, auf Felsschutt, steinigen Rasen und in Zwergstrauchheiden bis in 2500 m Höhe. Da die Art aber nicht selten als Zierstaude in Steingärten gepflanzt wird, konnte sie sich auch außerhalb ihres natürlichen Vorkommens verbreiten.
ÄHNLICHE ART: Der Breitblättrige Ehrenpreis *(Veronica urticifolia)* ④ wird bis 70 cm hoch und hat breite, gezackte Blätter ③. Auch seine bis zu 8 mm breiten, hellrosa Blüten sind mit dunkelrosa Adern gezeichnet.

TYPISCH

Die Blütenstiele und Kelche des Halbstrauchigen Ehrenpreises sind drüsig behaart und fühlen sich daher klebrig an.

1

2

3

4

1

2

3

4

Sumpfblutauge | Sumpffingerkraut | *Potentilla palustris*

Merkmale: Die unten behaarten Blätter der bis zu 50 cm hohen Pflanze sind fingerartig in 5–7 Teilblättchen gegliedert ③. Der aufrechte Stängel verzweigt sich im oberen Teil und trägt lockere Blütenstände ①. Ihre purpurbraunen Blüten werden von einem rötlich gefärbten Blütenkelch gesäumt. In der Regel sind sowohl die Kron- wie die Kelchblätter fünfzählig, zuweilen finden sich jedoch auch Exemplare mit sechsblättrigen Blüten.

Typisch

Beim Sumpfblutauge sind die sternförmig ausgebreiteten Kelchblätter wesentlich größer als die schmalen Kronblätter ②.

Vorkommen: Wie der Name verrät, gedeiht das Sumpfblutauge in feuchten Lebensräumen wie Sümpfen, Verlandungszonen von Gewässern und Feuchtwiesen. Durch die Trockenlegung von Feuchtgebieten ist die Pflanze in ihren Beständen gefährdet.
Besonderes: Der verholzte, im Schlamm kriechende, bis zu 1 m lange Wurzelstock ④ trägt zur raschen Ausbreitung der Pflanze in seichten Uferbereichen von Gewässern und damit zu deren Verlandung bei.

Tollkirsche

Atropa bella-donna

Merkmale: Die 60–120 cm hohe Tollkirsche ist eine auffallende Staude mit aufrechtem, stark verzweigtem Stängel. Er ist kurz behaart und trägt ovale, zugespitzte, glattrandige Blätter ②. Im Bereich der Blüten stehen sich jeweils ein kleines und ein großes Blatt gegenüber. Die Blüten erscheinen einzeln auf kurzen Stielen in den Blattachseln ①. Ihre Kronblätter sind glockenförmig miteinander verwachsen und enden in fünf deutlichen Zipfeln ③; die Farbe variiert von Dunkelrot- bis Braunviolett. Als Frucht wird eine in der Reife glänzend schwarze Beere ausgebildet, die in einem fünfzipfeligen Kelch sitzt ④.

Typisch

Die dunklen, glockenförmigen Blüten wie auch die bis zu 1,5 cm großen, glänzend schwarzen Beeren machen die Tollkirsche unverwechselbar.

Vorkommen: An Kahlschlägen und anderen lichten Stellen in Wäldern, vorzugsweise in Bergwäldern; auf nährstoffreichen Böden; häufig.
Besonderes: Vor dem Verzehr der giftigen Früchte der Tollkirsche muss dringend gewarnt werden. Bereits 3–4 Stück können für Kinder tödlich sein, 10–20 gelten bei Erwachsenen als tödliche Dosis.

1

2

3

4

1

2

3

4

Echtes Seifenkraut

Saponaria officinalis

Merkmale: Das 30–70 cm hohe Seifenkraut ① hat auffallende, nelkenartige Blüten, deren Farbpalette von fast Weiß bis Rosarot reicht. Sie stehen in oft reichen Büscheln an der Spitze des aufrechten, häufig rötlichen Stängels ④. Ihr Kelch ist zu einer schmalen Röhre verwachsen ③. Die kreuzweise gegenständigen Blätter sind schmal und zugespitzt ②.
Vorkommen: Die Pflanze wächst an feuchten, schotterreichen Ufern oder auf Lichtungen.
Besonderes: Als Nachtfalterblume entwickelt das Seifenkraut in der Dämmerung einen schwachen Duft, der Insekten anlockt. Die Pflanze, vor allem die Wurzel, enthält einen seifenähnlichen Stoff, das Saponin, das früher als Waschmittel verwendet wurde. Trotz des unangenehm schmeckenden Wirkstoffs findet die Pflanze als Heilkraut Anwendung: äußerlich zur Heilung von Ekzemen, innerlich zur Behandlung von Atemwegserkrankungen sowie Magen- und Darmleiden.

Typisch

Die gegenständigen Blätter des Echten Seifenkrauts werden von 3–5 deutlich erhabenen Längsadern durchzogen ②.

Blutweiderich

Lythrum salicaria

Merkmale: Der vierkantige Stängel trägt spitze, schmale Blätter ②, die im oberen Bereich gegenständig sind und sich im unteren zu dritt gegenüberstehen. Die purpurroten Blüten bilden einen dichten kerzenförmigen Blütenstand ①. Bei günstigen Voraussetzungen kann die Pflanze über 1 m hoch werden.
Vorkommen: Der Blutweiderich wächst häufig an Gräben und auf nassen Wiesen.
Besonderes: Die Blüten produzieren zwei verschiedene Arten von Blütenstaub. Der gelbe Pollen dient als Lockmittel für Insekten. Während er von ihnen gefressen wird, bleibt der für sie unsichtbare grüne Blütenstaub an ihrem Körper haften und wird so zur nächsten Blüte getragen. In der Volksmedizin wird die Pflanze als blutstillendes Mittel eingesetzt.
Ähnliche Art: Der Sumpfziest *(Stachys palustris)* ④, der ebenfalls an feuchten Plätzen vorkommt, hat längliche, etwas herzförmige Blätter und einen kürzeren, mit lippenförmigen Blüten besetzten Blütenstand.

Typisch

Die purpurnen Blüten des Blutweiderichs, die den Stängel quirlförmig umstehen, haben sechs schmale, lanzettförmige Kronblätter mit dunkler Äderung ③.

1

2

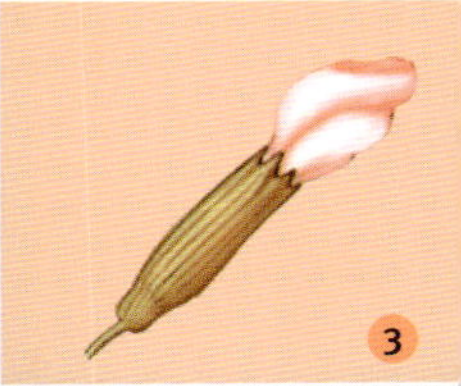
3

4

1

2

3

4

Kartäusernelke

Dianthus carthusianorum

MERKMALE: Die Pflanze wird 20–60 cm hoch und hat lange, schmale, grasartige Blätter ②. Ihre duftenden Blüten leuchten einheitlich dunkel rosarot ① und sind am vorderen Rand fein gezackt. Sie werden von schmalen, dunklen Kelchblättern gesäumt.

VORKOMMEN: Die Kartäusernelke wächst auf kalkhaltigen Trockenrasen. Da die meisten landwirtschaftlich genutzten Wiesen stark gedüngt sind, findet man diese hübsche Pflanze hauptsächlich auf steilen Böschungen und an trockenen Waldsäumen.

BESONDERES: Den Nektar am Grund der Kelchröhre erreichen nur Insekten mit langem Rüssel, denn die derben Kelchblätter verhindern ein Anbeißen von der Seite.

ÄHNLICHE ART: Auf steinigen Berghängen, in den Alpen bis in 2500 m Höhe, gedeiht die Steinnelke *(Dianthus sylvestris)* ④. Sie trägt meist nur eine Blüte am Stängel, ihre Kronblätter sind heller und ohne Zeichnung.

TYPISCH

Die ungezeichneten Blüten der Kartäusernelke sind meist zu Köpfchen von 2–8 Einzelblüten vereinigt ③.

Rote Lichtnelke

Rotes Leimkraut | *Silene dioica*

MERKMALE: Die Pflanze wird 30–90 cm hoch. Ihr kräftiger Stängel wächst aufrecht und ist deutlich behaart. Ebenfalls mit Haaren bedeckt sind die breiten, spitz zulaufenden und gegenständig stehenden Blätter ②. Die kräftig rosaroten Blüten ① erzeugen keinen Duft. Männliche und weibliche Blüten stehen auf verschiedenen Pflanzen. Weibliche Exemplare sind an ihren kugeligen Kelchen zu erkennen.

VORKOMMEN: Die Rote Lichtnelke bevorzugt feuchte Wiesen und Wälder, ist aber auch an Wegrändern und auf Schuttplätzen zu finden.

BESONDERES: Hummeln beißen zuweilen den Blütenkelch von außen durch, um zum Nektar zu gelangen. Die gefüllt blühende Form ist eine alte Gartenpflanze. Früher wurde die Rote Lichtnelke als Erweckerin der Liebe angesehen und daher auch Amorrose genannt.

ÄHNLICHE ART: Das ebenfalls rosarot blühende Stängellose Leimkraut *(Silene acaulis)* ④ wächst im Gebirge, wo es niedrige Polster bildet.

TYPISCH

Die Blüte der Roten Lichtnelke weist fünf Kronblätter auf, die jedoch so tief gespalten sind, dass die Blüte auf den ersten Blick zehnblättrig wirkt ③.

1

2

3

4

1

2

3

4

Kuckuckslichtnelke

Lychnis flos-cuculi

Merkmale: Diese aufrecht wachsende Pflanze wird 30–60 cm hoch ①. Ihre Blüten stehen in einem schirmartigen Blütenstand am Ende des Stängels. Obgleich sie recht groß sind, wirken sie aufgrund der tief gespaltenen Kronblätter sehr zart ②. Nach der Blüte entwickeln sich eiförmige Samenkapseln ③. Wie der Stängel sind auch die schmalen, gegenständigen Stängelblätter ④ nahezu unbehaart. Die spatelförmigen Grundblätter bilden eine Rosette.

Vorkommen: Die Kuckuckslichtnelke ist eine Pflanze feuchter, nährstoffreicher Wiesen und Flachmoore. Man findet sie häufig bis in höhere Lagen des Berglands. Als Pionierpflanze ist sie ein Erstbesiedler unbewachsener Böden.

Besonderes: Der Name der Pflanze rührt daher, dass man an ihr öfter den »Kuckucksspeichel« findet. Diesen Schaum, den die Larven der Schaumzikade erzeugen, schrieb man früher dem Kuckuck zu.

Typisch

Die fünf Kronblätter sind tief in jeweils vier Zipfel gespalten und werden von einer rötlich braunen, kurz gezahnten Kelchröhre umschlossen.

Gewöhnliche Pechnelke

Lychnis viscaria

Merkmale: Die 30–60 cm hohe Pflanze hat purpurrote Blüten in einem traubenartigen Blütenstand am oberen Stängelende ①. Jedes der fünf Kronblätter ist leicht eingekerbt, aber nicht ausgefranst ④. Die länglichen, unbehaarten Blätter bilden eine grundständige Rosette und sitzen gegenständig am Blütenstiel ②. Die glatte, eiförmige Fruchtkapsel ③ springt bei der Reife auf und entlässt die Samen.

Vorkommen: Diese Nelkenart wächst auf trockenen, sauren Böden. Sie ist am Rand von Eichenwäldern, in Magerrasen, an steilen, felsigen Böschungen und Wegrainen zu finden.

Besonderes: Den Namen hat diese Nelke von ihrem klebrigen Stängel, mit dem sie unerwünschte Blütenbesucher wie Käfer und Ameisen abwehrt. Diese Insekten würden die Blüten von unten anbohren, um an den Nektar zu gelangen. Dabei würde die Blüte geschädigt, ohne dass eine Bestäubung erfolgte. Schmetterlinge und Bienen hingegen, die die Blüten von oben anfliegen, werden von dem klebrigen Ring nicht abgehalten.

Typisch

Unverkennbares Merkmal der Gewöhnlichen Pechnelke sind die Klebringe unterhalb der Stängelknoten.

1

2

3

4

1

2

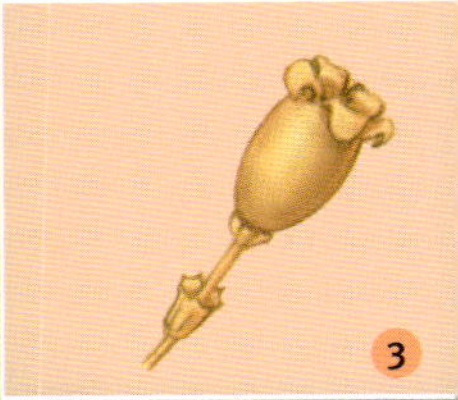
3

4

Waldstorchschnabel

Geranium sylvaticum

Merkmale: Diese 30 – 70 cm hohe Pflanze hat schalenförmig ausgebreitete Blüten mit rotvioletten, am Grund weißlichen Kronblättern ①. Die an einen Storchenschnabel erinnernde Fruchtkapsel ② ist kurz seidig behaart. Auffallend sind auch die fünf- bis siebenlappigen Blätter ③. Sie sitzen paarweise am Stängel, der nur oben ästig verzweigt ist ④.

Vorkommen: Der Waldstorchschnabel wächst in lichten, kräuterreichen Bergwäldern und auf fetten Bergwiesen bis in 2500 m Höhe.

Besonderes: Die dichte Behaarung des Blütenstängels soll unerwünschte Insekten abhalten. Die Blüten, die nur eine kurze Lebensdauer von etwa zwei Tagen haben, werden von Bienen und Schwebfliegen bestäubt. Die austrocknende Frucht reißt auf und schleudert die Samen katapultartig bis über 2,50 m weit fort.

Typisch

Beim Waldstorchschnabel bleiben die Stiele verblühter Blüten und damit die »Storchenschnäbel« aufgerichtet, während sie sich beim ähnlichen Wiesenstorchschnabel (S. 106) abwärts biegen.

Stinkender Storchschnabel

Ruprechtskraut | *Geranium robertianum*

Merkmale: Diese Storchschnabelart wird nur 10 – 20 cm hoch und hat kleine, rosarote Blüten ①. Deren Kronblätter tragen drei weißliche Längsstreifen. Aus den Kelchblättern sieht man nach der Blüte eine schnabelähnliche Frucht herausragen. Beides zusammen erinnert an einen Storchenkopf. Auffällig ist im Herbst die intensive Rotfärbung der Blattstiele und manchmal auch der fein gefiederten Blätter ②.

Vorkommen: Die Art braucht zum Wachstum nur einen Bruchteil des normalen Tageslichts. Daher findet man den Stinkenden Storchschnabel selbst in schattigen Wäldern, in Hecken, Gebüschen, an Mauern und feuchten Stellen sehr häufig. Er wächst sogar in Höhlen, verträgt aber auch volles Sonnenlicht. Bemerkenswert ist das fallweise Vorkommen als Aufsitzerpflanze auf Bäumen.

Ähnliche Art: Der Gewöhnliche Reiherschnabel *(Erodium cicutarium)* ④ besitzt hellrosa Blüten und feiner gefiederte Blätter. Seine bis zu 4 cm lange Samenkapsel ③ ist ebenfalls wie ein Storchenschnabel geformt.

Typisch

Wenn man das Kraut des Stinkenden Storchschnabels zwischen den Fingern zerreibt, riecht es ausgesprochen unangenehm.

1

2

3

4

1

2

3

4

Wilde Malve

Große Käsepappel | *Malva sylvestris*

MERKMALE: Die bis zu 1 m hohe Wilde Malve hat einen rauhaarigen Stängel mit rundlichen, fünf- bis siebenlappigen Blättern ③. In den Blattachseln erscheinen jeweils zwei oder mehr hell purpurfarbene Blüten mit dunkleren Streifen ①. Daraus entwickeln sich kleine, rundliche Früchte, die an aufrechten Stielen sitzen und in der Form an einen Käselaib erinnern ②. Bei der Reife zerfallen sie in Teilfrüchte.

VORKOMMEN: Die auffällige Pflanze wächst an Weg- und Feldrändern, in Hecken, an Zäunen und auf Schuttplätzen.

BESONDERES: Als alte Heilpflanze ist die Wilde Malve häufig in Bauerngärten zu finden. Ihre Blätter und Blüten werden wegen des hohen Schleimstoffgehalts bei Atemwegserkrankungen und Entzündungen verwendet.

ÄHNLICHE ART: Die Rosenmalve oder Sigmarswurz *(Malva alcea)* ④ hat rundliche, aber mehr oder minder tief geteilte Blätter. Ihre Blüten stehen stets einzeln in den Blattachseln.

TYPISCH

Die rundlichen Blätter der Wilden Malve zeigen eine deutliche Lappung, sind aber ungeteilt ③.

Ackerwinde

Convolvulus arvensis

MERKMALE: Die über 1 m lange Ackerwinde besitzt hellrosa, aus fünf Kronblättern verwachsene Trichterblüten mit weißer Mitte ④. Auf der Außenseite zeigen sie fünf dunkle, rotviolette Streifen. Der schnell wachsende Stängel windet sich an anderen Pflanzen ① oder Zäunen empor. Die Fruchtkapsel ③ öffnet sich mit zwei Klappen.

VORKOMMEN: Man findet die Kletterpflanze verbreitet auf Äckern, an Wegrändern, in Gärten und an Zäunen, oft in großen Beständen.

BESONDERES: Die Blüten haben einen aromatischen Duft und sind nur am Tag geöffnet, bei schlechtem Wetter bleiben sie geschlossen. Daraus leitete man früher ab, dass die Pflanze Regen verkünde. Im Gartenbau und in der Landwirtschaft ist die Winde unerwünscht. Sie tritt oft massenhaft auf und entzieht den Nutzpflanzen Licht und Nährstoffe, sodass es zu Ernteeinbußen kommen kann. Durch Jäten ist die Pflanze kaum einzudämmen, weil der dünne Wurzelstock extrem lang ist und oft über 1 m tief reicht.

TYPISCH

Die gestielten Blätter der Ackerwinde sind wechselständig, im Umriss dreieckig und an der Basis spießförmig gelappt ②.

1

2

3

4

1

2

3

4

Wildes Alpenveilchen

Cyclamen purpurascens

MERKMALE: Das Wilde Alpenveilchen ist eine 5–15 cm hohe Staude. Seine immergrünen Blätter, die aus einer kugeligen Knolle ③ emporwachsen, sind grundständig und gestielt. Ihre Spreite hat eine rundliche Form, der Stielansatz ist herzförmig eingeschnitten und der Rand schwach gezackt ②. Die grüne Blattoberseite trägt helle Zeichnungen, die Blattunterseite ist rötlich gefärbt. An den langen, blattlosen Blütenstielen steht jeweils eine einzelne rosarote Blüte, deren Öffnung nach unten geneigt ist. Die ovalen, spitz zulaufenden, etwa 2 cm langen Kronblätter sind nach oben geschlagen ①. Als Frucht wird eine kugelige Kapsel an einem spiralig eingerollten Stiel gebildet ④.

VORKOMMEN: In den Bergwäldern der nördlichen und südlichen Kalkalpen, bis in 2000 m Höhe; am Standort meist in größerer Zahl; geschützt!

BESONDERES: Die Knolle des Wilden Alpenveilchens ist überaus giftig.

TYPISCH

Die oberseits gefleckten, rundlichen Blätter und die nach oben umgeschlagenen Blütenblätter machen das Wilde Alpenveilchen unverwechselbar.

Herbstzeitlose

Colchicum autumnale

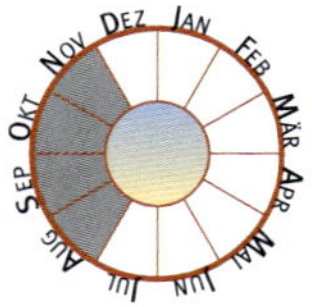

MERKMALE: Die hell rötlich lila gefärbte, sternförmige Trichterblüte der Giftpflanze erscheint im Herbst ohne Blätter ①. Ihr Stängel und die großen, lang gestreckten Laubblätter ② kommen erst im Frühjahr zum Vorschein. An der Spitze des Stängels befindet sich dann die dünnhäutige Fruchtkapsel ③, die an eine große Blütenknospe erinnert.

VORKOMMEN: Die Herbstzeitlose wächst auf feuchten Wiesen und in lichten Wäldern.

BESONDERES: Bei der Herbstzeitlose ist Vorsicht geboten, denn sie ist äußerst giftig. Das in der ganzen Pflanze enthaltene Alkaloid Colchicin zerstört die Körperzellen. Schon geringe Mengen sind für den Menschen tödlich. Das Vieh meidet die Pflanze meist, doch kommen Vergiftungen vor, wenn das Heu Teile der Giftpflanze enthält.

ÄHNLICHE ART: Der in den Alpen weit verbreitete Frühlingskrokus *(Crocus albiflorus)* ④ blüht im Frühjahr weiß bis violett. Seine Blüten weisen nur drei Staubblätter auf, während die Herbstzeitlose sechs besitzt.

TYPISCH

Die sechs rosavioletten Kronblätter der Herbstzeitlose sind am Grund zu einer bis zu 20 cm langen Blütenröhre zusammengewachsen.

1

2

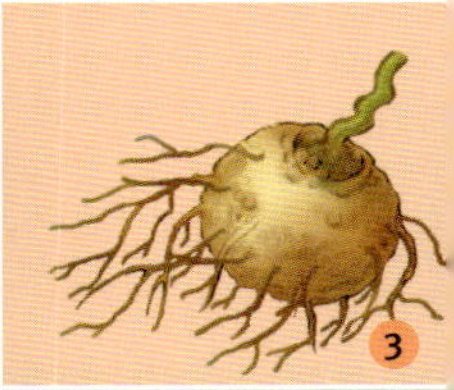
3

4

1

2

3

4

Gewöhnliche Flockenblume

Wiesenflockenblume | *Centaurea jacea*

Merkmale: Nahezu 1 m können die hohen Stängel erreichen, auf denen die rötlich violetten Blütenköpfchen sitzen ①. Die Krone der großen, strahlig ausgebreiteten Randblüten ist tief in fünf Zipfel gespalten. Die oberen Laubblätter der Pflanze sind länglich und ungeteilt ②, die unteren hingegen manchmal gespalten.
Vorkommen: Die Gewöhnliche Flockenblume ist eine häufige Wiesenpflanze.
Besonderes: Nach der dicken Form der Blütenköpfe wird die Blume auch örtlich Dickkopf genannt. Die vergrößerten Randblüten sind steril und dienen einzig dem Anlocken von Insekten, die die inneren Körbchenblüten bestäuben sollen.
Ähnliche Art: Die Skabiosenflockenblume *(Centaurea scabiosa)* ④ besitzt noch größere Blütenköpfe und auch am Stängel tief geteilte Blätter ③. Sie wächst auf trockenen Wiesen und an Böschungen.

Typisch
Die großen randlichen Büten der Blütenköpfe sind fünfzipfelig. Die junge Pflanze ist mit Flockenhaaren besetzt, von denen der Name Flockenblume abgeleitet wird.

Ackerkratzdistel

Cirsium arvense

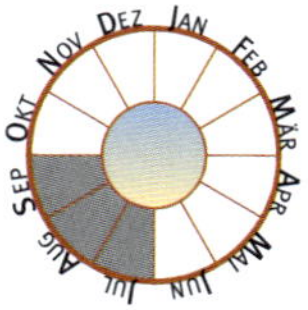

Merkmale: Die 20–120 cm hohe Distel ist an ihren vielen rotvioletten Köpfchen zu erkennen ①. Diese sind von kurz zugespitzten Hüllblättern umgeben. Die länglichen Laubblätter sind mit zahlreichen Stacheln versehen ②. Sie sitzen wechselständig am unbestachelten Stängel.
Vorkommen: Auf Kulturland, an Wegrändern und Schuttplätzen häufig zu finden, stellenweise auch auf Almweiden.
Besonderes: Diese Distelart ist in der Landwirtschaft aufgrund ihrer hohen Vermehrungsrate gefürchtet. Das Umpflügen der Äcker fördert noch ihre Verbreitung: Die durch den Pflug zerstückelten Ausläufer wachsen zu unzähligen selbstständigen Pflanzen heran. In der Natur stellen ihre Früchte jedoch eine wichtige Nahrungsgrundlage für eine Reihe von Vögeln dar.
Ähnliche Art: Die Stachelige Distel *(Carduus acanthoides)* ④ trägt Blütenköpfchen, deren spitze Hüllblätter abstehen. Sie zeigt nicht nur an den schmalen Blättern ③, sondern auch am Stängel eine starke Bestachelung.

Typisch
Der süßliche, moschusartige Duft der Blütenköpfchen lockt vor allem Schmetterlinge an, denen sie reichlich Nektar liefern.

1

2

3

4

1

2

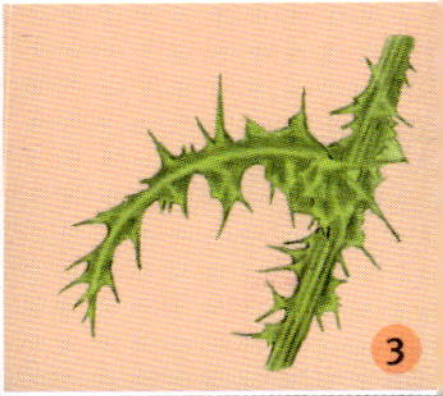
3

4

Gewöhnliche Kratzdistel

Cirsium vulgare

Merkmale: Die Pflanze erreicht eine Höhe von 30 – 150 cm. Die Blätter sind mit Stacheln besetzt und tief geteilt ③. Zusätzlich laufen am Stängel Bänder mit Stacheln herab ②. Am Stängelende sitzen wenige große Blütenköpfe von hell purpurner Farbe ①.

Vorkommen: Diese Distelart wächst an Wegen, auf Schuttplätzen und in lichten Wäldern auf nährstoffreichem, kalkhaltigem Boden.

Besonderes: Pflanzenfresser unter den Wildtieren wie auch das Weidevieh meiden die Kratzdistel wegen deren Wehrhaftigkeit, Insekten jedoch besuchen in großer Zahl die reichlich Pollen liefernden Blütenköpfchen.

Ähnliche Art: Die Wollkopf-Kratzdistel *(Cirsium eriophorum)* ④ hat tief geteilte, stachelige Blätter. Ihre wesentlich größeren Blütenköpfe sitzen einzeln an verzweigten Stängeln. Die bauchige Körbchenhülle ist dicht mit weißlichen Wollhaaren bedeckt, die der Art ihren Namen gaben.

Typisch

Stachelige, stark nach außen gerichtete Hüllblätter umgeben die dichten Blütenköpfchen der Gewöhnlichen Kratzdistel.

Große Klette

Arctium lappa

Merkmale: Die bis zu 1,80 m hohe Pflanze mit einem kantigen, verzweigten Stängel wächst aufrecht. Ihre auffallend großen Blätter sind rundlich bis herzförmig, gestielt und unterseits weißgrau behaart ②. Der ebenfalls lang gestielte Blütenstand besteht aus mehreren kugeligen Blütenkörben ①. Die purpurroten, röhrenförmigen Einzelblüten werden von hakenartig gekrümmten Hüllblättern ③ umgeben.

Vorkommen: Die Klette wächst bevorzugt an Wegrändern und auf Schuttplätzen mit nicht zu trockenem Lehmboden.

Besonderes: Bei der Fruchtreife verhaken sich die Hüllblätter leicht im Fell vorbeistreifender Tiere, die so zur Verbreitung der Samen beitragen. Klettenwurzeln enthalten verschiedene Inhaltsstoffe, denen eine heilende Wirkung zugeschrieben wird.

Ähnliche Art: Die Filzige Klette *(Arctium tomentosum)* ④ hat einen rundlichen Hüllkelch, dessen weißliche Behaarung an Spinnweben erinnert. Wie alle unsere Klettenarten weist sie große, grundständige Blätter auf.

Typisch

Blattstiele und Stängel der Großen Klette sind mit Mark gefüllt und nicht wie bei den übrigen Klettenarten hohl.

1

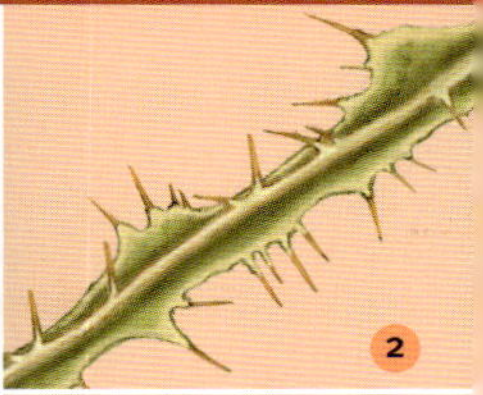
2

3

4

1

2

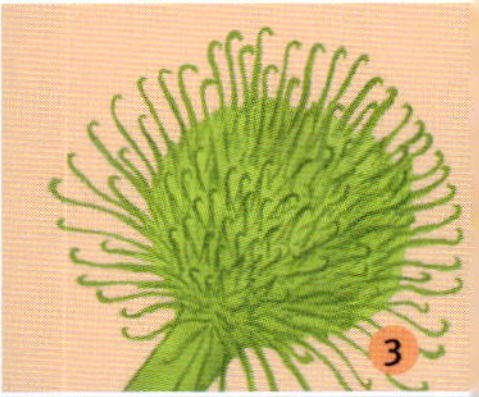
3

4

Wasserdost | Wasserhanf

Eupatorium cannabinum

Merkmale: Der 50–150 cm hohe, aufrecht wachsende Wasserdost ① hat einen behaarten Stängel. An seinen drei- bis fünfteiligen, gestielten Blättern ③ ist er auch nicht blühend gut zu erkennen. Die hellroten Blütenkörbe sind im oberen Stängelbereich zu einem doldenartigen Blütenstand zusammengefasst ④.

Vorkommen: Die Pflanze bevorzugt schattige, feuchte Plätze und zeigt nährstoffreiche Böden an. Sie bildet dichte Bestände.

Besonderes: Der Gehalt an Ölen, Bitter- und Gerbstoffen macht den Wasserdost zu einem bekannten Volksheilmittel. Sein Geruch ist scharf und aromatisch, der Geschmack leicht bitter. Das ätherische Öl der blühenden Pflanze wird gegen Leber-, Milz-, Gallen- und Hautleiden verwendet. Große Mengen können allerdings zu Vergiftungen führen. Die an Hanf erinnernde Form ihrer Blätter hat der Pflanze den Namen Wasserhanf eingetragen.

Typisch

Im Spätsommer und Herbst fallen die reifen Früchte auf, die mit einer weißen, fallschirmartigen Haarkrone versehen sind ②.

Wilder Dost | Wilder Majoran | Oregano | *Origanum vulgare*

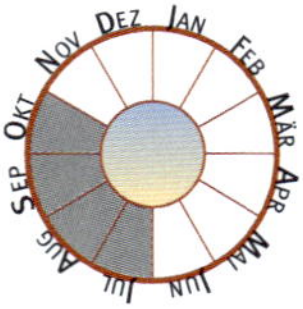

Merkmale: Die Staude wird etwa 40 cm hoch, ihre Blütenstände bestehen aus mehreren Büscheln mit zahlreichen rosafarbenen Blüten ①. Die Einzelblüten ② sitzen in den Achseln kleiner, rot überlaufener Hochblätter und haben eine breite Ober- und eine dreilappige Unterlippe. Die eiförmigen, zugespitzten, dunkelgrünen Blätter ③ sitzen gegenständig am Stängel und sind dicht und kurz behaart.

Vorkommen: Die Pflanze wächst an Wegrändern, Rainen und in Gebüschen, bei Bodentrockenheit auch in Wiesen.

Besonderes: Der Wilde Dost enthält reichlich ätherische Öle, die für die Behandlung von Erkältungen, Krämpfen und Asthma eingesetzt werden können. Verschiedene Zuchtformen werden als Gewürzkraut unter dem Namen Garten- oder Staudenmajoran in Gärten kultiviert.

Ähnliche Art: Beim Wirbeldost *(Clinopodium vulgare)* ④ stehen die Blüten in Quirlen etagenartig übereinander am Stängel. Die Pflanze ist dicht behaart und lässt keinen aromatischen Geruch erkennen.

Typisch

Die großen, stark verzweigten Blütenstände des Wilden Dosts verströmen einen starken aromatischen Duft.

1

2

3

4

1

2

3

4

Großer Wiesenknopf

Sanguisorba officinalis

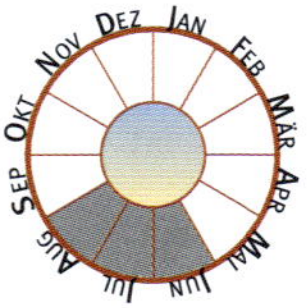

Merkmale: Der etwa 30–150 cm hohe Wiesenknopf trägt ungewöhnliche dunkel purpurne, eiförmige bis längliche Blütenköpfchen. Diese stehen zu mehreren auf dem verzweigten Stängel ①. Den winzigen Einzelblüten ③ fehlen Kronblätter, die vier Kelchblätter sind breit dreieckig. Die unterseits bläulich grünen, wechselständigen Blätter sind gefiedert ②.

Vorkommen: Der Große Wiesenknopf besiedelt feuchte bis mäßig trockene Wiesen und Wiesenmoore vom Tiefland bis über die Baumgrenze. Die Pflanze kommt in der gesamten gemäßigten nördlichen Zone vor, gebietsweise, etwa im Nordwestdeutschen Tiefland, jedoch nur selten.

Besonderes: Der botanische Name der Art leitet sich von *sanguis*, das Blut, und *sorbere*, Flüssigkeiten aufsaugen, ab. Das gesamte Kraut und auch die Wurzel werden in der Volksmedizin als blutstillendes Mittel verwendet, wovon sich der alte Name Blutkraut ableitet.

Typisch

Die kompakten, dunkelroten Blütenköpfchen des Großen Wiesenknopfs locken mit reichlich Nektar viele Insekten an ④.

Rotklee | Wiesenklee

Trifolium pratense

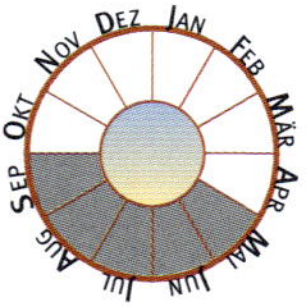

Merkmale: Rotklee wird etwa 10–30 cm hoch. Seine kleinen, schmetterlingsförmigen Blüten ② sind zu kugeligen, rosaroten Köpfchen ① vereinigt und riechen nach Honig. Die Köpfchen sitzen meist zu zweit am Ende des behaarten Stängels. Die Blätter bestehen gewöhnlich aus drei Teilblättchen, die auf der Oberseite ein helles v-förmiges Band tragen ③.

Vorkommen: Der Rotklee wächst verbreitet auf Wiesen. Oft wird er zu Futterzwecken angebaut oder dient als Zwischeneinsaat.

Besonderes: Meist bestehen Kleeblätter aus drei Teilblättchen, doch kommen auch vierblättrige Formen vor. Nachts falten sich die Blätter zusammen. Die schmalröhrigen Blüten werden vor allem von langrüsseligen Hummeln bestäubt, Bienen kommen mit ihrem kurzen Rüssel nicht an den Nektar heran.

Ähnliche Art: Der Mittlere Klee *(Trifolium medium)* ④, der in lichten Wäldern und Trockenwiesen wächst, hat einen zickzackartigen Stängel.

Typisch

Beim Rotklee sitzen die Blütenköpfchen unmittelbar über den oberen Stängelblättern, beim Mittleren Klee erheben sie sich auf einem kurzen Stiel über die Stängelblätter.

1

2

3

4

1

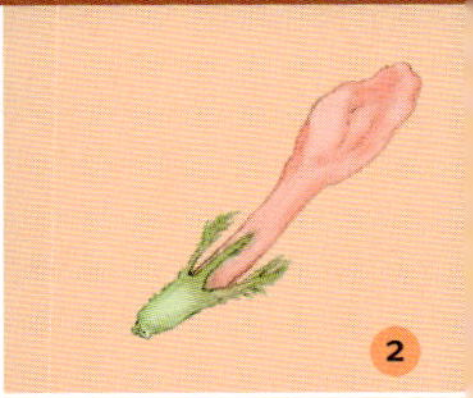
2

3

4

Drüsiges Springkraut

Impatiens glandulifera

MERKMALE: Die auffällige Pflanze entwickelt einen bis zu 2,50 m hohen, fleischigen Stängel, der bis zu 5 cm Durchmesser erreichen kann. Die bis zu 4 cm großen, karminroten bis fast weißen Blüten ① tragen am unteren Kelchblatt einen kurzen Sporn. Sie sitzen lang gestielt in den Blattachseln der länglich ovalen Blätter ②. Diese stehen paarweise gegenständig oder zu dritt am Stängel, die Blattstiele sind mit Drüsen besetzt. Die länglichen Fruchtkapseln ③ springen in der Reife bei geringster Berührung auf und können die Samen bis über 6 m weit fortschleudern.

TYPISCH

Die großen Blüten, die an dünnen Stielen zu schweben scheinen, verströmen einen intensiv süßlichen, eher unangenehmen Geruch.

VORKOMMEN: Die Staude wächst in Auwäldern und entlang von Flussufern.

BESONDERES: Die ursprünglich aus Ostindien stammende Pflanze wird seit langem in Gärten kultiviert. Seit geraumer Zeit ist sie vielerorts verwildert und gilt daher inzwischen in Mitteleuropa als eingebürgert. Ihre großen Blüten werden vor allem von langrüsseligen Hummeln bestäubt ④.

Dornige Hauhechel

Ononis spinosa

MERKMALE: Die mit Dornen besetzte, strauchartige Pflanze wird 30–60 cm hoch ①. Der verzweigte Stängel trägt dreizählige, im oberen Bereich auch oft ungeteilte Blätter ③. In den Blattachseln erscheinen kurze, dornige Triebe, an denen bis zu drei der fleischroten, schmetterlingsförmigen Blüten sitzen ④. Als Früchte entwickeln sich eiförmige Hülsen ②.

VORKOMMEN: Die Pflanze wächst bevorzugt an trockenen Standorten wie Trockenwiesen, Böschungen oder Viehweiden. Von den Weidetieren wird sie wegen ihrer Dornen gemieden.

TYPISCH

Zerreibt man die Blätter und Blüten der Dornigen Hauhechel zwischen den Fingern, verströmen sie einen recht unangenehmen Geruch.

BESONDERES: Die Wurzel der Pflanze enthält ätherische Öle und Gerbstoffe. Ihr Tee gilt als Hausmittel gegen Rheuma, Blasenschwäche und Hautleiden. Der Name Hauhechel kommt einerseits daher, dass die Pflanze sehr tief wurzelt und man sie mit der Hacke heraushauen muss. Andererseits erinnert die Form der Dornen an eine Hechel, ein kammartiges Gerät, mit dem Flachsfasern bearbeitet werden.

1

2

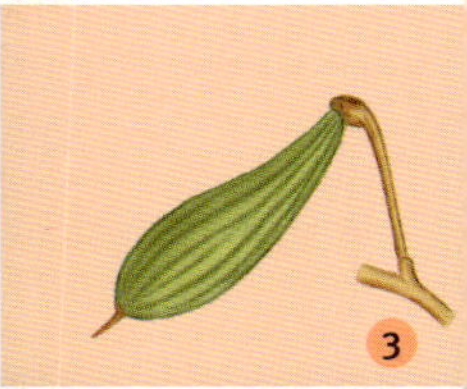
3

4

1

2

3

4

Gewöhnliche Braunelle

Prunella vulgaris

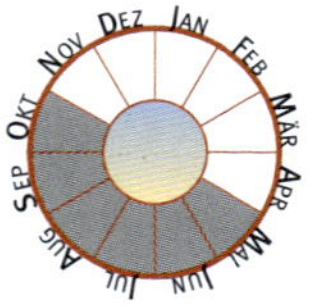

Merkmale: Die Gewöhnliche Braunelle ist eine meist 10–25 cm große Pflanze mit rotvioletten Blütenköpfen am Ende des Stängels ①. Ihre deutlich in Ober- und Unterlippe geteilten Einzelblüten ② sind von bräunlichen Kelchblättern umgeben. Am vierkantigen, stark verzweigten Stängel stehen sich die schmal eiförmigen Blätter kreuzweise gegenüber ③. Die Pflanze neigt dazu, kriechende oberirdische Ausläufer zu bilden.

Typisch

Nach dem Abblühen der einzelnen Blüten bleiben deren Kelchblätter noch lange als brauner Fruchtstand erhalten.

Vorkommen: Die Gewöhnliche Braunelle tritt verbreitet auf eher feuchten Stellen in Wiesen und an Wegrändern auf.

Besonderes: Bei der Fruchtreife öffnet sich der Fruchtkelch bei feuchter Witterung, sodass die kleinen, dreikantigen Früchte von Regentropfen aus dem Fruchtkelch herausgespült werden können.

Ähnliche Art: Die Großblütige Braunelle *(Prunella grandiflora)* ④ wächst auf Trockenrasen. Sie hat größere Blüten, die eher blauviolett gefärbt sind.

Waldziest

Stachys sylvatica

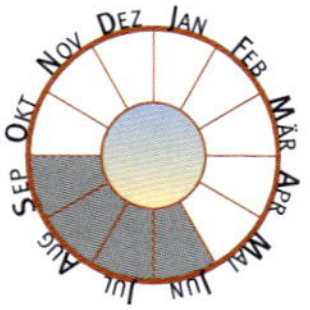

Merkmale: Der Waldziest erreicht eine stattliche Höhe von bis zu 1,20 m. An der Spitze des rauhaarigen und verästelten Stängels sind die weinrot gefärbten Blüten zu einer lockeren Blütenähre zusammengefasst ①. Die breiten, herzförmigen Blätter ③ stehen einander kreuzweise versetzt gegenüber.

Typisch

Durch den unangenehmen Geruch, der beim Zerreiben von Pflanzenteilen auftritt, und die purpurroten Blüten mit hellerer Zeichnung ② ist der Waldziest leicht erkennbar.

Vorkommen: Die Pflanze ist in Au- und anderen feuchten Laubwäldern von der Ebene bis in die Voralpenstufe verbreitet. Im Gebirge kann sie bis in Höhen von 1600 m vorkommen.

Besonderes: Die Staude besitzt lange, unterirdische Ausläufer und kann große Bestände bilden. Ihre behaarten, am Rand gezackten Blätter erinnern an Brennnesselblätter, weshalb die Pflanze auch manchmal Waldnessel genannt wird. Man kann sie aber ruhig anfassen, weil sie keine Brennhaare hat.

Ähnliche Art: In Heiden, Mooren und lichten Wäldern wächst der kleinere Heilziest *(Betonica officinalis)* ④. Er hat dichte, rote Blütenähren.

1

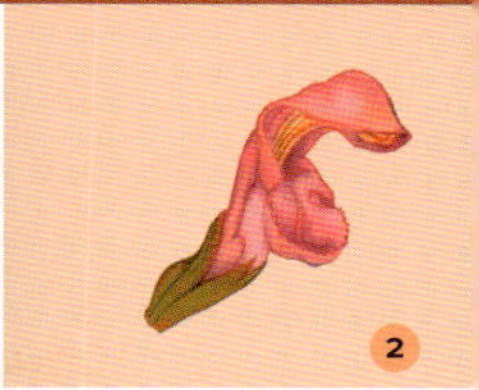
2

3

4

1

2

3

4

Geflecktes Knabenkraut

Dactylorhiza maculata

Merkmale: Die Höhe dieser heimischen Orchideenart schwankt zwischen 15 und 60 cm. Die hell rötlich lila gefärbten Blüten sitzen am Ende des markigen Stängels dicht beieinander ①. Ihre seitlichen Blütenblätter stehen waagerecht ab, zudem sind eine Unterlippe und ein Blütensporn erkennbar. Die länglichen Laubblätter tragen dunkle runde Flecken ③.
Vorkommen: Das Gefleckte Knabenkraut ist in Wäldern und auf feuchten Wiesen zu finden.
Besonderes: Wie alle unsere Orchideen steht das Gefleckte Knabenkraut streng unter Naturschutz. Es produziert Samen in großer Menge (mehrere hunderttausend), die selbstständig jedoch nicht keimfähig sind. Erst in der Partnerschaft mit einem Bodenpilz kommt der komplizierte Keimungsmechanismus in Gang.
Ähnliche Art: Die Mückenhändelwurz *(Gymnadenia conopsea)* ④ hat schmalere, ungefleckte Blätter und einen längeren Blütensporn.

Typisch
Beim Gefleckten Knabenkraut ist die purpurne Zeichnung auf der Unterlippe der Blüte oft deutlich schleifenförmig ②.

Breitblättriges Knabenkraut

Dactylorhiza majalis

Merkmale: Diese heimische Orchidee wird 10–40 cm hoch und hat breite, ovale Blätter mit dunklen Flecken ①. Die violetten Blüten ② am Ende des hohlen Stängels tragen eine feingefleckte Unterlippe, an der ein rückwärts gerichteter Sporn ausgebildet ist. Die seitlichen Blütenlappen weisen nach unten.
Vorkommen: In Feuchtwiesen vom Tiefland bis in die Hochgebirgsregionen.
Besonderes: Das Breitblättrige Knabenkraut ist, wie auch andere Orchideenarten, ein Bewohner gar nicht oder kaum gedüngter Wiesen. Durch die weit verbreitete Düngung und Entwässerung der Feuchtwiesen gehen die Orchideen stark zurück. Ihre Empfindlichkeit beruht auf der Symbiose mit Wurzelpilzen, die durch Veränderungen des Bodens gestört wird.
Ähnliche Art: Das Stattliche Knabenkraut *(Orchis mascula)* ④ wächst auf eher trockenen Magerwiesen. Seine Blüten ③ sind dunkel gepunktet.

Typisch
Im Gegensatz zum Gefleckten Knabenkraut sind beim Breitblättrigen Knabenkraut die Seitenlappen der Lippe heruntergeschlagen. Der violette Blütenstand enthält auch grüne Hochblätter.

1

2

3

4

1

2

3

4

Roter Fingerhut

Digitalis purpurea

Merkmale: Nicht zuletzt durch seine Wuchshöhe von über 1 m ist der Rote Fingerhut eine auffällige Erscheinung. Die zart purpurn, blassrosa oder seltener ganz weiß gefärbten, in ihrem Schlund dunkel gefleckten Blütenglocken ④ sind zu einer langen, einseitigen Blütentraube zusammengefasst ①, die von unten nach oben aufblüht. Als Früchte entwickeln sich geschnäbelte Kapseln ③. Die zungenförmigen Blätter ② weisen auf der Unterseite einen graufilzigen Belag auf.

Vorkommen: Die Pflanze wächst bevorzugt in Lichtungen und Kahlschlägen in Wäldern.

Typisch

Blühender Roter Fingerhut ist kaum zu verwechseln, wohl aber das Laub. Am Boden bilden die großen, genarbten und leicht eingekerbten Blätter eine Rosette ②.

Besonderes: Der Verzehr der bitter schmeckenden Blätter ruft Schwindel, Erbrechen und Herzstörungen hervor. In der Medizin wurden und werden die Inhaltsstoffe der äußerst giftigen Pflanze zur Behandlung von Herzerkrankungen verwendet.

Gewöhnlicher Erdrauch

Fumaria officinalis

Merkmale: Der 10–40 cm hohe Gewöhnliche Erdrauch ist eine einjährige Pflanze mit einem aufrechten, verzweigten Stängel, der kahl und undeutlich gerillt ist. Die wechselständigen, gestielten Blätter sind gefiedert ②, wobei jede Fieder nochmals in schmale Teilblättchen untergliedert ist, die in kleine Zipfel auslaufen. Die Blätter wirken blaugrün bereift. Zahlreiche rosarote bis intensiv dunkelrote Blüten stehen in lockeren Trauben an den Triebenden ①. Sie sitzen in den Achseln schmaler Tragblätter und werden knapp 1 cm lang. Auf der Oberlippe jeder gespornten Blüte befindet sich ein aufgewölbter, grünlicher Höcker. Die Kelchblätter haben einen gezackten Rand. Als Frucht wird ein kugeliges Nüsschen ausgebildet.

Typisch

Die Blüten des Gewöhnlichen Erdrauchs haben einen kurzen, dicken Sporn, kurze Tragblätter und schmale Kelchblätter.

Vorkommen: Die Art ist auf Ödland, in Äckern und Weinbergen sowie in Gärten häufig anzutreffen. Sie liebt nährstoffreichen, lockeren Boden.

Ähnliche Art: Der Hohle Lerchensporn *(Corydalis cava)* ④ hat größere Blüten mit langem Sporn und breiter gefiederte Blätter ③.

1

2

3

4

1

2

3

4

Gefleckte Taubnessel

Lamium maculatum

MERKMALE: Die häufig vorkommende Pflanze wird über 50 cm hoch ①. Ihre nesselartigen, gezackten Blätter ③ stehen sich am vierkantigen Stängel kreuzweise gegenüber ②. Sie brennen nicht, daher auch der Name Taubnessel. Im oberen Stängelbereich befinden sich Blütenquirle mit purpurnen Lippenblüten, deren Oberlippe helmartig gewölbt und deren gelappte Unterlippe lebhaft gefleckt ist ④. Gelegentlich kommen auch rein weiße Blüten vor.
VORKOMMEN: Die Gefleckte Taubnessel findet man in Laubwäldern, an Waldsäumen und anderen schattigen, nährstoffreichen Stellen.
BESONDERES: Da die Pflanze sehr lange blüht, ist sie für die verschiedensten Insekten als Nektarquelle von besonderer Bedeutung. Die Blüten enthalten Schleimstoffe, Gerbstoffe und ätherische Öle, denen eine heilende Wirkung zugeschrieben wird.

TYPISCH
Die Gefleckte Taubnessel unterscheidet sich von der Roten Taubnessel vor allem durch die größeren, quirlartig angeordneten Blüten und den höheren Wuchs.

Rote Taubnessel

Lamium purpureum

MERKMALE: Die Rote Taubnessel erreicht nur selten eine Höhe über 25 cm ①. Ihre kleinen Blüten sind rosa bis purpurrot gefärbt. Die kreuzweise gegenständigen Blätter sind ei- bis herzförmig ② und weisen am Rand auffallende Einkerbungen auf. Oft sind der kantige Stängel und die Blätter rot überlaufen.
VORKOMMEN: Die Pflanze ist häufig auf überdüngten Äckern und in Gärten zu finden.
BESONDERES: Die Rote Taubnessel hat wie die Gefleckte Taubnessel einen unangenehmen Geruch, wohingegen die Blüten einen süßen Nektar enthalten. Im Gegensatz zur Gefleckten Taubnessel ist die Blütenröhre gerade und nicht aufwärts gebogen. Das einjährige Kraut ist besonders schnellwüchsig. Bei günstiger Witterung während des Sommers braucht es nur wenige Wochen von der Keimung bis zur Samenreife.
ÄHNLICHE ART: Die Stängelumfassende Taubnessel *(Lamium amplexicaule)* ④ hat um den Stängel verwachsene Blätter und relativ lange Blüten.

TYPISCH
Bei der Blüte der Roten Taubnessel ist der breite, dunkel gezeichnete Mittellappen ihrer Unterlippe tief eingekerbt ③.

1

2

3

4

1

2

3

4

Ackerhellerkraut

Thlaspi arvense

MERKMALE: Das einjährig wachsende Ackerhellerkraut wird 10–45 cm hoch ①. Es weist keinerlei Behaarung auf. Die pfeilförmigen, eingebuchteten Blätter ③ sitzen am kantigen, aufrechten und manchmal verzweigten Stängel. Die nur etwa 5 mm breiten Blüten ② haben vier weiße Kronblätter, die zweimal so lang sind wie die Kelchblätter.

VORKOMMEN: Man findet die Wärme liebende Pflanze häufig auf Äckern und an Wegrändern, und zwar von der Ebene bis in Bergregionen von etwa 1300 m Höhe.

TYPISCH

Auffallend ist das Ackerhellerkraut weniger durch seine kleinen Blüten als durch die flachen, rundlichen Früchte ④, die an eine Münze erinnern.

BESONDERES: Die Pflanze wurde vermutlich mit der Getreidekultur von Asien nach Europa eingeschleppt. Ihre Samen können durch den Wind, aber auch durch Tiere und Menschen verbreitet werden. Die scharf schmeckenden Blätter eignen sich für Salate und Suppen. Aus den ölhaltigen Samen des Ackerhellerkrauts lässt sich Speiseöl herstellen.

Hirtentäschel

Capsella bursa-pastoris

MERKMALE: Die 5–40 cm hohe, ein- oder zweijährig wachsende Pflanze ① bildet am Boden eine Rosette aus tief eingeschnittenen, löwenzahnartigen Blättern ②. Ihre wenigen Stängelblätter sind dagegen meist ungeteilt. Die winzigen weißen Blüten ③ stehen am Ende des Stängels in einer lockeren Traube. Daraus entwickeln sich eigenartig herzförmige, gestielte Schötchen ④.

VORKOMMEN: Die Pflanze wächst als hartnäckiges Unkraut an Weg- und Straßenrändern, auf Äckern, in Gärten und auf brachliegenden Bodenflächen. Bei günstiger Witterung kann sie das ganze Jahr über blühen und fruchten.

TYPISCH

Auffallendstes Merkmal des Hirtentäschels sind die herzförmigen Früchte ④, die auf dünnen Stielchen vom Stängel abstehen. Sie erinnern in der Form an die Lederbeutel früherer Hirten (Name!).

BESONDERES: Das Hirtentäschel ist ungemein fruchtbar: Pro Pflanze können bis zu 64 000 Samen produziert werden. In der Küche kann das Kraut als Wildgemüse und Würzpflanze verwendet werden. In der Volksmedizin wird es zur Blutstillung eingesetzt.

2

3

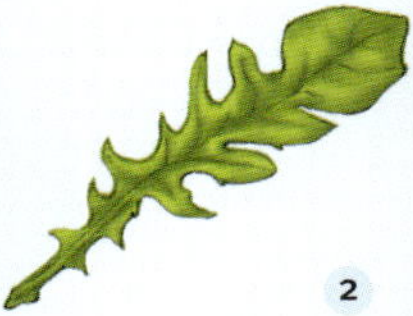

2

3

Bitteres Schaumkraut

Cardamine amara

Merkmale: Die Staude erreicht eine Höhe bis zu 30 cm ①. Aus dem am Grund liegenden, mit Mark gefüllten Stängel treiben Ausläufer, die neue Triebe hervorbringen. Die Blätter sind gefiedert ②. Die kantigen, aufgerichteten Stängel tragen an ihren Enden kleine Trauben weißer Blüten. Manchmal sind die Blüten rot überlaufen, was vor allem an den Spitzen der Knospen auffällt ③. Die vier kreuzweise gegenüberstehenden Kronblätter umstehen purpurviolette Staubgefäße ④.

Vorkommen: An Bächen und Quellstandorten findet man das Bittere Schaumkraut häufig.

Besonderes: Der leicht bittere Geschmack der Blätter gab der Pflanze den Namen. Jedoch enthalten vor allem die jungen Blätter und Triebspitzen reichlich Vitamin C, was sie durchaus für die Zubereitung von Suppen und Salaten empfehlenswert macht.

Typisch

Das Bittere Schaumkraut wird oft mit der Brunnenkresse (S. 70) verwechselt, von der es sich jedoch durch seine purpurnen, nicht gelben Staubgefäße unterscheidet.

Pfeilkresse

Cardaria draba

Merkmale: Die Pfeilkresse erreicht eine Höhe von 20–50 cm. Viele kleine, weiße Blüten sind am Ende des Stängels zu schirmartigen Blütenständen vereinigt ①. Die Blätter sitzen ohne Blattstiel am etwas kantigen Stängel und haben einen pfeilförmigen Grund ②. Die unscheinbaren Blüten bringen bei der Reife herzförmige Fruchtschoten ③ hervor.

Vorkommen: Die Pflanze bevorzugt warme Böschungen, insbesondere Bahndämme, Ödland und Wegränder. Sie wurde im 18. Jahrhundert aus Südosteuropa bei uns eingeschleppt und gilt heute als weitgehend eingebürgert.

Besonderes: Die Pfeilkresse kann sich durch Wurzelausläufer stark vermehren, kommt oft in dichten Beständen vor und verträgt auch ein Abmähen. Ihre starke Ausbreitung entlang der Bahngleise wird vermutlich durch den Luftzug der vorbeifahrenden Züge verursacht.

Ähnliche Art: Die Feldkresse *(Lepidium campestre)* ④ hat länglichere Blütentrauben, ihr Blütenstand wirkt deshalb nicht so gedrungen.

Typisch

Bei der Pfeilkresse fällt der scharfe Geruch auf, wenn man Pflanzenteile zwischen den Fingern zerreibt.

1

2

3

4

1

2

3

4

Wiesenlabkraut

Galium album

Merkmale: Der dichte Wuchs der 30–100 cm hohen Staude fällt schon von weitem auf ①. Ihre sehr schmalen Blätter stehen jeweils zu acht in einem Quirl um den kantigen Stängel herum ④. Die zahlreichen cremeweißen, vierblättrigen Blüten bilden dichte Blütenstände.
Vorkommen: Bevorzugt wächst diese Labkrautart in Wiesen. Die Pflanze ist aber auch auf Äckern und an Wegrändern sowie an Gebüsch- und Waldrändern zu finden.
Besonderes: Der Imker schätzt die Pflanze, die gern von Bienen besucht wird, weil sie eine gute Honigtracht bringt. Der Name Labkraut kommt von einem Inhaltsstoff, der wie das Lab des Rindermagens die Milch zum Gerinnen bringt.
Ähnliche Art: Das einjährige Klettenlabkraut *(Galium aparine)* ②, das an eher schattigen Stellen vorkommt, trägt an Stängeln, Blättern und Fruchtkapseln ③ widerhakenartige Borsten.

Typisch

Das Wiesenlabkraut verbreitet einen recht angenehmen, süßlichen Geruch. Wie bei allen Labkrautarten stehen seine Blätter in Quirlen um den Stängel.

Waldmeister

Galium odoratum

Merkmale: Die mehrjährige Waldpflanze erreicht eine Wuchshöhe von 15–30 cm. Dank eines unterirdisch kriechenden Wurzelstocks ② überzieht sie zumeist teppichartig größere Flächen ④. Ihre Blätter stehen in Quirlen um den aufrechten, glatten Stängel, die unteren zu sechst, die oberen zu acht ①. Die gestielten, in kleinen, weißen Schirmen stehenden Blüten ③ sind trichterförmig mit vier Blütenzipfeln.
Vorkommen: In schattigen Laubwäldern, besonders in Buchenwäldern, weit verbreitet.
Besonderes: Verantwortlich für das charakteristische Aroma des Waldmeisters ist der Inhaltsstoff Cumarin, der sich in der gesamten Pflanze befindet. Er verfeinert als beliebter Aromazusatz den Geschmack von Speisen und Getränken. Die typische Maibowle wird z. B. mit Waldmeister angesetzt. Beim Genuss dieser Pflanze ist jedoch Vorsicht geboten: In größeren Mengen ist sie giftig. Cumarin wirkt gefäßerweiternd, kann zu Kopfschmerzen führen und hemmt die Blutgerinnung.

Typisch

Auffallend ist der angenehme, süßliche Geruch des Waldmeisters, der vor allem beim Trocknen der Pflanze auftritt.

1

2

3

4

1

2

3

4

Gewöhnliche Knoblauchsrauke | *Alliaria petiolata*

MERKMALE: Die einjährige Pflanze erreicht bis zu 1 m Wuchshöhe. Der aufrechte Stängel ist gewöhnlich unverzweigt. Während die grundständigen Blätter lang gestielt und nierenförmig sind ②, zeigen sich die oberen Stängelblätter zugespitzt und am Rand tief gezackt ①. Die kleinen, weißen Blüten stehen am Ende des Stängels in einer gedrängten Traube beieinander ④. Aus jeder entwickelt sich eine lange, kantige Schote mit vielen Samen ③.

TYPISCH

Die Knoblauchsrauke trägt ihren Namen nicht von ungefähr: Sie verströmt einen markanten Geruch nach Knoblauch.

VORKOMMEN: Die Pflanze wächst auf nährstoffreichen Böden in feuchten Gebüschen, auf Waldschlägen, Waldwegen und in Laubwäldern. Sie kommt nur bis etwa 900 m Höhe vor.

BESONDERES: Alle Teile dieser alten Heil- und Gewürzpflanze enthalten Knoblauch- und Senföl. Die zerkleinerten Blätter werden wegen ihres Knoblauchgeschmacks seit alters zum Würzen von Speisen geschätzt. Die ebenfalls würzigen Samen lassen sich wie Senfkörner verwenden.

Brunnenkresse

Nasturtium officinale

MERKMALE: Die 15–50 cm hohe, wintergrüne Brunnenkresse bildet oft dichte Pflanzenteppiche ④. Ihr hohler, runder Stängel kann sowohl niederliegend wie aufrecht wachsen ①. Die unpaarig gefiederten, gestielten Blätter weisen 5–9 Teilblättchen auf ②. Die etwa 1 cm breiten, weißen Blüten ③ erscheinen an den Triebenden in doldenartigen Trauben. Ihre vier eiförmigen Blütenblätter umgeben gelbe Staubgefäße. Als Frucht wird eine bis zu 2 cm lange, nur 2 mm dicke Schote gebildet.

TYPISCH

Durch den hohlen Stängel und die anfänglich gelben Staubgefäße unterscheidet sich die Brunnenkresse vom ähnlichen Bitteren Schaumkraut (S. 66).

VORKOMMEN: Die Staude wächst auf schlammigen, stets gut durchfeuchteten Böden an sauberen Bächen und entlang von Gräben und Ufern. Man findet sie nur an sonnigen Standorten.

BESONDERES: Die Brunnenkresse wird roh als würzige und sehr Vitamin-C-reiche Beigabe zu Blattsalaten geschätzt. Blanchiert oder gekocht verlieren die Blätter an Schärfe und lassen sich gut als Blattgemüse zubereiten. Die Samen ergeben, frisch oder getrocknet, eine pfefferähnliche Würze.

1

2

3

4

1

2

3

4

Weiße Lichtnelke

Silene alba

Merkmale: Die Höhe der Pflanze schwankt zwischen 30 und 100 cm ①. Die weißen, selten hellrosa Kronblätter der 2–3 cm großen Blüten sind tief gespalten ③. Der behaarte Kelch trägt deutliche Längsrippen. Die länglichen Blätter stehen paarweise am Stängel ②.
Vorkommen: Die Weiße Lichtnelke wächst bevorzugt auf nährstoffreichen, mäßig trockenen Schuttplätzen und Wegrändern. Sie kommt bis in mittlere Gebirgslagen häufig vor.
Besonderes: Die Weiße Lichtnelke ist zweihäusig, d. h., sie bringt männliche und weibliche Blüten auf verschiedenen Pflanzen hervor.
Ähnliche Art: Das Nickende Leimkraut *(Silene nutans)* ④ öffnet seine zierlichen, meist mehr oder weniger nach unten geneigten Blüten erst gegen Abend, denn sie werden genau wie die der Weißen Lichtnelke hauptsächlich von Nachtfaltern bestäubt.

Typisch

Die süßlich duftenden Blüten der Weißen Lichtnelke öffnen sich meist erst nachmittags. Die nach der Blüte erscheinenden Fruchtkapseln sind vom bauchig aufgeblasenen Kelch umgeben.

Taubenkropf-Leimkraut

Gewöhnliches Leimkraut

Silene vulgaris

Merkmale: Die Wuchshöhe der Staude kann, je nach Standort, zwischen 10 und 60 cm variieren. Ihre länglichen, zugespitzten Blätter sitzen paarweise am Stängel ②. Die nickenden Blüten stehen in lockeren Rispen am Stängelende ①. Der weiße, fünfblättrige Blütenstern ragt aus einem stark bauchigen Kelch heraus. Dieser Kelch bleibt nach der Blüte als Samenhülle vorhanden, die mit fünf Zipfeln aufreißt ③.
Vorkommen: Häufig auf Äckern, Magerrasen, trockenen Wiesen sowie entlang von Wegen und Böschungen.
Besonderes: Bei Druck zerplatzt der Blütenkelch mit einem lauten Knall. Deshalb hat diese Pflanze vielerorts auch den Namen Klatschnelke. Die Blüten sind zwar bei Tag und Nacht geöffnet, ihren süßlichen Duft aber verströmen sie erst in den Abendstunden. Sie werden von Nachtfaltern bestäubt, die mit ihrem langen Rüssel den Nektar aus dem Blütengrund holen.

Typisch

Auffälligstes Merkmal des Taubenkropf-Leimkrauts ist der kugelig aufgeblasene Blütenkelch ④. Er ist bleichgrün und mit einer purpurvioletten Netzäderung gezeichnet.

1

2

3

4

1

2

3

4

Große Sternmiere

Stellaria holostea

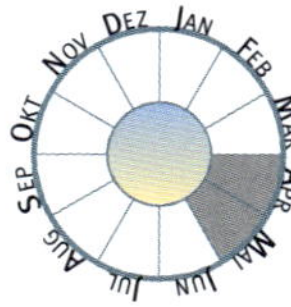

MERKMALE: Die Sternmiere wird bis zu 30 cm hoch. Ihre wintergrünen, schmalen Blätter ③ sitzen an einem vierkantigen Stängel. Sie werden von weißen, sternförmigen Blüten ① überragt, deren fünf Kronblätter etwa bis zur Hälfte gespalten sind. Nach der Blüte fallen die kugeligen Fruchtkapseln auf ②.
VORKOMMEN: Die niedrige Staude bildet oft dichte, sehr ausgedehnte Bestände ④ in lichten, krautreichen Wäldern, aber auch an Waldsäumen und in Hecken.
BESONDERES: An Trieben, die im Vorjahr gewachsen sind, bilden sich in den Achseln alter Blätter neue Triebe. Durch diese Verzweigung können ganze Pflanzenteppiche entstehen. In strengen Wintern sterben die oberirdischen Teile durch Frost ab. Aus den von der Erde geschützten Wurzelstöcken wachsen aber Wurzelknospen zu neuen Sprossen heran.

TYPISCH

Die weißen Blüten der Großen Sternmiere stehen in gabelig verzweigten Blütenständen. Die Kronblätter, die länger sind als die Kelchblätter, umgeben zehn Staubblätter.

Gewöhnliche Vogelmiere

Stellaria media

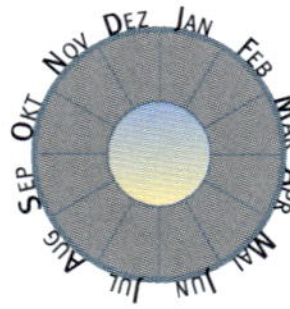

MERKMALE: Die Gewöhnliche Vogelmiere ist eine einjährige, am Boden kriechende Pflanze mit kleinen, sternförmigen, weißen Blüten ①. Der dünne Stängel trägt eine Haarleiste, die im Gegenlicht sofort auffällt. Die eiförmigen Blätter ② stehen einander am Stängel paarweise gegenüber. Nach der Blüte entwickeln sich schmale Samenkapseln, die von den Kelchblättern eingeschlossen bleiben ③.
VORKOMMEN: Die Pflanze findet sich sehr häufig in Äckern, Gärten, an Wegen und anderen freien Plätzen auf nährstoffreichen bzw. überdüngten Böden.
BESONDERES: Bei günstigen Bedingungen blüht die Pflanze das ganze Jahr über. Oft gilt sie als lästiges Unkraut. Dabei wirkt sie in Gärten und Feldern als guter Bodendecker, der den Boden feucht hält und den Verlust an Humus durch Regen und Wind verhindert. Das Kraut eignet sich auch als Gemüse, sein Geschmack ist mild-nussig.

TYPISCH

Die Blüten der Vogelmiere haben drei Griffel und 3–8 Staubblätter. Ihre fast bis zum Grund zweigespaltenen Kronblätter sind etwa so lang oder kürzer als die spitzen Kelchblätter ④.

2

3

2

3

Walderdbeere

Fragaria vesca

MERKMALE: Die nur 8 – 15 cm hohe, mit oberirdischen Ausläufern wachsende Walderdbeere hat dreizählige, gezackte Blätter ③, die an der Unterseite dicht behaart sind. Die weißen Blüten ① haben fünf rundliche Kronblätter. Die Frucht entwickelt sich, indem der Blütenboden anschwillt, die Kelchblätter stehen dann waagerecht ab oder sind zurückgeschlagen ②.
VORKOMMEN: Die Walderdbeere wächst verbreitet in lichten, nicht zu trockenen Laubwäldern und an Waldrändern. Auch Kahlschläge und Wegränder werden oft von ihr besiedelt.
BESONDERES: Walderdbeeren sind zwar deutlich kleiner als Gartenerdbeeren, schmecken aber aromatischer als diese.
ÄHNLICHE ART: Die Zimterdbeere *(Fragaria moschata)* ④ wird mit 10 – 30 cm Wuchshöhe nicht nur deutlich größer als die Walderdbeere, sie hat auch größere Blüten und überdies abstehend behaarte Blütenstiele.

TYPISCH

Die Blüten der Walderdbeere sind ebenso wie der Fruchtstand von einem grünen Kelch umgeben. Er bleibt beim Pflücken der reifen Beere am Stängel zurück.

Waldsauerklee

Oxalis acetosella

MERKMALE: Der 5 – 15 cm hohe Sauerklee hat kleeartig dreizählige Blätter ④. Hin und wieder findet man Blätter mit einer hellen Zeichnung, die durch Pflanzenviren hervorgerufen wird. Die nickenden Blüten sitzen einzeln an langen Stielen ①. Ihre fünf weißen Kronblätter sind violett geädert und weisen am Grund einen gelben Fleck auf. Aus der Blüte entwickelt sich eine längliche, fünfspaltig aufspringende Kapsel ③.
VORKOMMEN: Die Pflanze ist für Wälder mit sauren Böden charakteristisch. Man findet sie beispielsweise in Fichtenwäldern und sogar in Latschengebüschen.
BESONDERES: Der Sauerklee kommt mit sehr wenig Licht aus. Er ist daher oft als einzige Blütenpflanze auf Waldböden zu finden, wo die Dunkelheit keine anderen Blumen gedeihen lässt. Die sauer und gleichzeitig ein wenig salzig schmeckenden Blätter enthalten Kalzium, aber auch die giftige Oxalsäure und eignen sich daher nur in geringen Mengen zum Verzehr.

TYPISCH

Am Abend und bei Regenwetter schließen sich die Blüten des Waldsauerklees, und die Blätter hängen zusammengeklappt nach unten ②.

2

3

2

3

Gewöhnliches Hornkraut

Cerastium holosteoides

MERKMALE: Das 10–50 cm hohe Hornkraut trägt kleine, weiße, sternförmige Blüten ①, deren fünf Kronblätter tief eingeschnitten sind. Neben den aufrechten blühenden Trieben hat es auch niederliegende blütenlose Sprosse. Die weißlich behaarten, länglichen Blätter stehen paarweise am Stängel ③.
VORKOMMEN: In gedüngten Wiesen, auf Weiden, lehmigen Äckern und Wegrändern.
BESONDERES: Das Hornkraut wird meist von Fliegen bestäubt. Bei schlechtem Wetter öffnen sich jedoch die Blüten nicht; die Befruchtung erfolgt dann durch den eigenen Blütenstaub.
ÄHNLICHE ART: An Ufern und feuchten Plätzen ist der Wasserdarm *(Myosoton aquaticum)* zu finden. Seine Blüten ④, die zu wenigen in gabelig verzweigten Blütenständen sitzen, weisen fünf Griffel und fünf zweigespaltene Kronblätter auf, sein vierkantiger Stängel ist weich und schlaff.

TYPISCH

Die kleinen, weißen Blüten weichen bald den länglichen Kapselfrüchten ②. Bei Austrocknung springen diese auf und weisen dann eine mit Zähnen besetzte Öffnung auf.

Buschwindröschen

Anemone nemorosa

MERKMALE: Die 15–25 cm hohe Pflanze entwickelt an jedem Blütenstiel nur eine Blüte. Nachts und bei kühler Witterung bleibt sie geschlossen. Im oberen Stängelbereich sitzen drei tief geteilte Hochblätter, an der Stängelbasis ein einzelnes, ebenfalls geteiltes Blatt ③.
VORKOMMEN: Das Buschwindröschen bildet den oft teppichartigen Unterwuchs ① feuchter Laubwälder und wächst auf Magerwiesen.
BESONDERES: Zeitig im Frühjahr, wenn die Bäume noch kahl sind, treiben aus dem kriechenden Wurzelstock Blätter und Blüten. Wenn sich später das Laubdach des Waldes schließt und das Licht am Boden knapp wird, ist das Buschwindröschen bereits verblüht, und seine oberirdischen Teile sterben ab. Die Pflanze ist schwach giftig.
ÄHNLICHE ART: Die Blätter des Gelben Windröschens *(Anemone ranunculoides)* ④ haben große Ähnlichkeit mit denen des Buschwindröschens. In tieferen Lagen kommen beide Arten oft gemeinsam vor, anhand ihrer Blütenfarbe sind sie jedoch leicht zu unterscheiden.

TYPISCH

Die innen rein weißen, außen rot überlaufenen Blüten ② des Buschwindröschens sind meist sechsblättrig.

1

2

3

4

1

2

3

4

Bärlauch | Wilder Knoblauch

Allium ursinum

MERKMALE: Die 10–50 cm hohe, intensiv nach Knoblauch riechende Pflanze hat meist zwei grundständige längliche, lang gestielte Blätter ②. Am Ende des sonst unbeblätterten Stängels befindet sich der schirmförmige Blütenstand mit sternförmigen weißen Blüten ①. Die Staubblätter der Blüten sind deutlich kürzer als die Blütenblätter ③.

VORKOMMEN: Der Bärlauch ist eine charakteristische Pflanze von Auwäldern, Schluchtwäldern und feuchten Laubwäldern mit überwiegend lehmigem und nährstoffreichem Boden.

TYPISCH

Im Frühjahr überzieht der Bärlauch den Waldboden oft mit einem weißen Blütenteppich ④. Dann ist der Wald mit intensivem Knoblauchgeruch erfüllt.

BESONDERES: Die jungen Blätter dienen als Beigabe zu Salaten und als Würze von Suppen oder Spinat. Beim Pflücken der Blätter ist jedoch äußerste Vorsicht geboten, um Verwechslungen mit den Blättern des giftigen Maiglöckchens oder der ebenfalls giftigen Herbstzeitlose zu vermeiden. Beiden fehlt jedoch der Knoblauchgeruch des Bärlauchs.

Maiglöckchen

Convallaria majalis

MERKMALE: Die 10–30 cm hohe Waldpflanze hat an der Basis zwei ziemlich breite, längliche Blätter, die, ebenso wie der Blütenstängel, einer später braunen, trockenen Blattscheide ② entspringen. Der Stängel ist unbeblättert und trägt eine aparte Blütentraube ①. Ihre nickenden, weißen Blüten hängen alle nach einer Seite. Die sechs weißen Blütenblätter sind zu einer Glocke zusammengewachsen ④. Aus den bestäubten Blüten entwickeln sich knapp erbsengroße, leuchtend orangerote Beeren ③.

TYPISCH

Die glockenförmigen Blüten des Maiglöckchens verströmen einen betörenden Duft und locken damit zahlreiche Insekten an.

VORKOMMEN: Maiglöckchen gedeihen in trockenen, lichten Laubwäldern und Gebüschen. In schattigen Waldbeständen können sich zwar Blätter, jedoch keine Blüten entwickeln.

BESONDERES: Das auch als Zierpflanze beliebte Maiglöckchen enthält in allen Pflanzenteilen starke Giftstoffe. Dank seines im Boden kriechenden Wurzelstocks kann es sich rasch flächig ausbreiten. Maiglöckchen stehen unter Naturschutz und dürfen weder gepflückt noch ausgegraben werden.

1

2

3

4

1

2

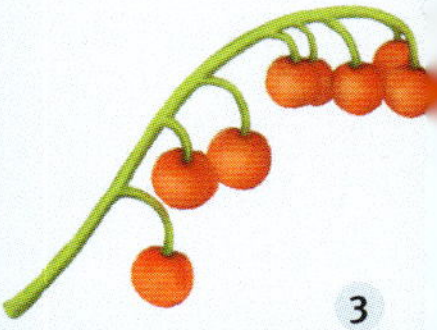
3

4

Vielblütige Weißwurz

Polygonatum multiflorum

MERKMALE: Die 30 – 80 cm hohe Pflanze trägt große, längliche Blätter, die gleichmäßig an einer Seite des Stängels verteilt sind ①. In ihren Achseln hängen jeweils mehrere weiße Blütenglöckchen in einem kleinen, traubenartigen Blütenstand ②. Aus den Blüten entwickeln sich schwärzlich blaue Beeren ③.

VORKOMMEN: Im Unterwuchs von schattigen Laubwäldern wie auch in Auwäldern häufig; vor allem auf nährstoffreichen Böden.

BESONDERES: Die Früchte der Weißwurz sind giftig. Der weiße Wurzelstock (Name!) ist knotenartig verdickt. Die Blütensprossen hinterlassen am Wurzelstock siegelförmige Narben, weshalb die Pflanze auch Salomonssiegel genannt wird.

ÄHNLICHE ART: Bei der Wohlriechenden Weißwurz oder dem Echten Salomonssiegel *(Polygonatum odoratum)* ④, das auf sonnigen, kalkreichen Standorten wächst, steht meist nur eine Blüte in jeder Blattachsel.

TYPISCH

Die Blüten der Vielblütigen Weißwurz hängen in Gruppen zu 2–5 an dünnen Stielchen in den Blattachseln.

Doldiger Milchstern

Ornithogalum umbellatum

MERKMALE: Auf seinem 10–30 cm hohen Stängel trägt der Doldige Milchstern einen Blütenstand aus 10–20, manchmal auch mehr sternförmigen (Name!) Einzelblüten ①. Die sechs milchweißen Blütenblätter tragen auf der Außenseite einen grünen Mittelstreif ③. Nach der Blüte entwickeln sich keulenförmige Fruchtkapseln ④. An der Basis des Stängels entspringen die langen, grasartig schmalen Blätter aus einer rundlichen Zwiebel ②.

VORKOMMEN: Der Doldige Milchstern wächst in trockenen Wiesen, Gebüschen, Obstgärten, Parkanlagen, Weinbergen, Äckern und anderen grasigen Stellen. Er hat heute eine weite Verbreitung.

BESONDERES: Die Pflanze stammt aus dem Mittelmeerraum und ist entsprechend wärmeliebend. Wegen ihrer schönen Blüten wird sie häufig in Gärten kultiviert. Die Samen besitzen Ölkörper, die als Lockmittel für Ameisen dienen. Diese fressen die nahrhaften Anhängsel, wobei sie sie verschleppen und so die Verbreitung der Pflanze sichern.

TYPISCH

Bei schönem Wetter öffnen sich die hübschen, sternförmigen Blüten weit, bei trübem Wetter bleiben sie hingegen geschlossen.

1

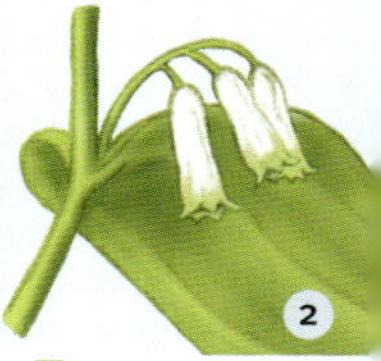
2

3

4

1

2

3

4

Gewöhnliche Zaunwinde

Calystegia sepium

Merkmale: Die kletternde Pflanze kann bis zu 3 m Wuchshöhe erreichen. Ihr dünner Stängel windet sich entgegen dem Uhrzeigersinn um die Zweige von Sträuchern oder andere geeignete Unterlagen, nicht selten Zäune ①. Mit ihren pfeilförmigen Blättern ③ und den großen, weißen, trichterförmigen Blüten ist die Gewöhnliche Zaunwinde unverkennbar. Der Blütenkelch ist von zwei größeren Vorblättern bedeckt ④. Nach der Blüte entwickeln sich die großen, hellbraunen Kapseln ②, die vom Kelch weitgehend verdeckt sind und sich beim Trocknen durch Längsrisse öffnen. Die Samen werden vom Wind oder durch Regenwasser verbreitet.

Typisch

Der schneeweiße Blütenbecher ist aus fünf Kronblättern verwachsen und wird von zwei herzförmigen Blättern eingehüllt.

Vorkommen: Die Zaunwinde bevorzugt feuchte Stellen wie Auwälder, Ufersäume, Waldränder, Hecken und Röhricht und wächst auch in Gärten.

Besonderes: Die Blüten werden durch den Windenschwärmer bestäubt, der mit seinem langen Rüssel den Nektar am Blütengrund erreichen kann.

Weiße Seerose

Nymphaea alba

Merkmale: Die oft ausgedehnte Bestände bildende Wasserpflanze ① hat rundliche, tief eingeschnittene Schwimmblätter. Oberseits sind diese glänzend grün, unten oft rötlich überlaufen ③. Die langen, von Luftkanälen durchzogenen Blattstängel sind im Gewässergrund mit einer armdicken Wurzel verankert und werden, je nach Gewässertiefe, bis zu 3 m lang. Die großen, weißen Blüten tragen im Innern zahlreiche gelbe Staubblätter ④. Nach der Blüte entwickeln sich beerenartige Früchte ②.

Typisch

Die Blätter der Weißen Seerose haben zum Rand hin gabelig verzweigte, untereinander verbundene Nerven, was sie von der Gelben Teichrose (S. 142) unterscheidet.

Vorkommen: In stehenden, manchmal auch in langsam fließenden Gewässern; häufig auch in künstlich angelegten Teichen gepflanzt und von dort wieder verwildernd.

Besonderes: Die Samen schwimmen auf der Wasseroberfläche, da zwischen dem Samenkörper und der Hülle eine Luftschicht eingeschlossen ist. Zersetzt sich die Hülle, sinken sie zu Boden. So ist für die Verbreitung gesorgt. Die streng geschützte Pflanze ist in allen Teilen giftig.

1

2

3

4

1

2

3

4

Zaungiersch | Geißfuß

Aegopodium podagraria

MERKMALE: Der Zaungiersch wird 30–100 cm hoch und bringt große, flache, weiße Blütenschirme hervor ①. Sein aufrechter, kantig gefurchter Stängel ist hohl und ohne Behaarung. Während die Grundblätter ② lang gestielt und doppelt gefiedert sind, bestehen die oberen Stängelblätter ③ nur aus drei Teilblättchen. **VORKOMMEN:** Den Zaungiersch findet man in schattig feuchten Gebüschen, in Auwäldern, feuchten Wäldern und Wiesen sowie in Gärten. **BESONDERES:** Die Pflanze hat tief reichende unterirdische Ausläufer und tritt deshalb meist in großen Beständen auf. In Gärten ist sie ein gefürchtetes »Unkraut«, denn selbst durch regelmäßiges Bearbeiten des Bodens wird sie nicht beseitigt. **ÄHNLICHE ART:** Der vor allem im Gebirge wachsende Rauhaarige oder Behaarte Kälberkropf *(Chaerophyllum hirsutum)* ④ blüht weiß oder auch rosa und hat feiner geteilte Blätter, die borstig behaart sind.

TYPISCH

Die seitlichen Fiederblätter erinnern in der Form an einen Ziegenfuß (Name!). Auffallend ist der intensive Geruch der Blätter nach frischer Mahd.

Wiesenkerbel

Anthriscus sylvestris

MERKMALE: Die 60–150 cm hohe Staude ① hat kantige, im unteren Bereich rauhaarige, im oberen Bereich kahle Stängel. Die glänzend grünen Blätter sind mehrfach sehr fein gefiedert ③. Im Frühjahr entwickelt die Pflanze schirmartige Blütenstände ② mit zahlreichen winzigen Einzelblüten. Die sich daraus bildenden Früchte tragen eine längliche Spitze.
VORKOMMEN: Auf überdüngten Wiesen und anderen nährstoffreichen Standorten kommt der Wiesenkerbel häufig vor. Er ist auch typisch als Unterwuchs von Obstbäumen.
BESONDERES: Die Pflanze kann bei Berührung unangenehme Hautreizungen auslösen, eine so genannte Wiesendermatitis. Die Wurzel ist leicht giftig, ihr Verzehr soll Sehstörungen verursachen.
ÄHNLICHE ART: Der Echte Kümmel *(Carum carvi)* ④ hat relativ kleine, weiße oder rötliche Blütendolden und besonders feinteilige Blätter, die beim Zerreiben den typischen Kümmelgeruch verströmen.

TYPISCH

Die weißen Einzelblüten des Wiesenkerbels stehen in schirmartigen Blütendolden, die sich aus etlichen kleineren Döldchen zusammensetzen ②.

1

2

3

4

1

2

3

4

Wilde Möhre

Daucus carota

MERKMALE: Die 60 – 90 cm hohe Pflanze trägt fein gefiederte Blätter ② mit haarförmigen Spitzen. Ihre weißen, schirmartigen Blütenstände haben in der Mitte eine braunrote Einzelblüte ①. Die Schirme sind flach und zur Mitte eingesenkt, nicht gewölbt. Zur Fruchtreife sind ihre Ränder nach oben gebogen ③. Aus den Blüten entwickeln sich mit hakenförmigen Stacheln besetzte Früchte. Der Geruch der Wilden Möhre erinnert an Speisemöhren.
VORKOMMEN: Auf Trockenstandorten wie Kiesgruben, Wegrändern, Trockenwiesen ④.

TYPISCH

Die purpurrote bis fast schwarze »Mohrenblüte« in der Mitte des Blütenschirms ① ist ein unverwechselbares Kennzeichen der Wilden Möhre.

BESONDERES: Im ersten Jahr treiben die fein gefiederten Blätter, erst im zweiten Jahr erscheinen die Blütendolden. Die Wurzel der Wilden Möhre ist rübenförmig, jedoch kleiner und holziger als bei der Kulturform der Möhre (Karotte, Gelbe Rübe). Die Speisemöhre ist aus einer Kreuzung der Wilden Möhre und der Riesenmöhre *(Daucus maximus)* hervorgegangen.

Wiesenbärenklau

Heracleum sphondylium

MERKMALE: Der Wiesenbärenklau kann eine Höhe bis zu 1,50 m erreichen ①. Sein kantiger, gefurchter Stängel ist mit steifen Haaren besetzt. Er trägt breite, aus einzelnen Döldchen zusammengesetzte Blütenschirme und große, gelappte Blätter ③. Am Stängelansatz der Blätter sind große Blattscheiden ausgebildet, die dem Schutz der jungen Knospen dienen.
VORKOMMEN: Typische Pflanze überdüngter Wiesen, kommt aber auch in Gebüschen, auf Waldlichtungen und in Kahlschlägen vor; erscheint nach der ersten Mahd und ist Bestandteil des zweiten Hochstandes einer Wiese.

TYPISCH

Die weißen bis grünlichen oder hellrosa überlaufenen Blüten messen etwa 5 mm. Nur die am Rand der Dolden stehenden sind deutlich vergrößert und asymmetrisch ②.

BESONDERES: Berührung mit dem Saft des Wiesenbärenklaus kann bei empfindlichen Personen recht unangenehme Hautschädigungen auslösen.
ÄHNLICHE ART: Der Riesenbärenklau *(Heracleum mantegazzianum)* ④ kann bis zu 5 m hoch werden. Inhaltsstoffe in seinem Pflanzensaft rufen in Verbindung mit Sonnenlicht schwer heilende Hautverätzungen hervor.

1

2

3

4

1

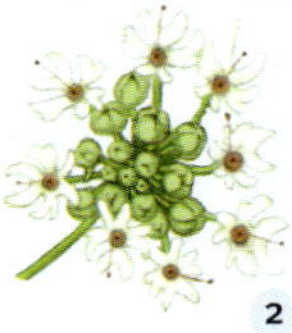
2

3

4

Echtes Mädesüß

Großes Mädesüß | *Filipendula ulmaria*

MERKMALE: Das Mädesüß kann eine Höhe bis zu 2 m erreichen ①. Seine gefiederten, unterseits silbrig weiß behaarten Blätter setzen sich aus Blattpaaren verschiedener Größe und einer großen, dreilappigen Endfieder zusammen ③. Die Blütenrispen sind reichlich verzweigt und mit unzähligen kleinen, gelblich weißen, fünfzähligen Blüten ② besetzt.
VORKOMMEN: Das Mädesüß wächst bevorzugt auf Feuchtwiesen, an Gräben und Uferzonen.
BESONDERES: Der Name Mädesüß leitet sich von Met, der Bezeichnung für Honigwein, ab, denn die Blüten verleihen Getränken ein süßliches Aroma.
ÄHNLICHE ART: Der Waldgeißbart *(Aruncus dioicus)* ④ wächst vor allem im Bergland entlang von Bächen und in Schluchten. Bei dieser Art stehen die männlichen, gelblich weißen Blüten und die weiblichen, rein weißen Blüten auf verschiedenen Pflanzen.

TYPISCH

Die Blüten des Mädesüß verströmen einen starken, süßlichen Duft nach Mandeln, der auch nach dem Trocknen erhalten bleibt.

Weißklee

Trifolium repens

MERKMALE: Die schnellwüchsige Kleeart erreicht 10–40 cm Höhe und trägt kleine, lang gestielte, meist rein weiße Blütenköpfchen ①. Auch die dreiteiligen, unterseits kahlen Blätter haben lange Stiele ②. Meist weisen sie eine helle, bandartige Zeichnung auf. Der niederliegende Stängel kriecht am Boden, bewurzelt sich in regelmäßigen Abständen und sorgt für rasche Ausbreitung.
VORKOMMEN: Der Weißklee wächst auf kurz gemähten Wiesen, Parkrasen und Grasplätzen häufig in großen Beständen. Er braucht einen nährstoffreichen Boden. Bemerkenswert ist seine weite Verbreitung. In den Mähräsen des Tieflands kommt er ebenso vor wie in den höchsten Bergregionen weit über der Baumgrenze.
ÄHNLICHE ART: Der Schwedenklee *(Trifolium hybridum)* ④ wächst in Sumpfwiesen und an feuchten Wegrändern. Seine Blätter haben längliche, zugespitzte Teilblättchen ③. Seine Blüten verfärben sich später weiß-rosa.

TYPISCH

Die verblühten Blütenköpfchen des Weißklees neigen sich auf ihren Stielen nach unten. Die unteren Blüten des Köpfchens werden nach dem Verblühen braun.

1

2

3

4

1

2

3

4

Kanadisches Berufkraut

Conyza canadensis

MERKMALE: Der 20–90 cm hohe, kahle oder nur wenig behaarte Stängel ist im oberen Teil reich verzweigt. Er trägt längliche, schmale Blätter ③, die mit kurzen, borstigen Haaren besetzt sind. Der hoch gestreckte und stark verästelte Blütenstand ① setzt sich gewöhnlich aus über 100 lediglich 3 – 5 mm großen Blütenkörbchen ② zusammen, die außen aus mehreren Reihen weißer Zungenblüten bestehen, innen aus gelben Röhrenblüten.

VORKOMMEN: An Bahndämmen, Straßenrändern, in Kiesgruben, auf Äckern, Schuttplätzen und ähnlichen Brachflächen; im 16. Jahrhundert aus Nordamerika nach Europa gebracht.

ÄHNLICHE ART: Das ebenfalls aus Nordamerika eingeführte Einjährige Berufkraut *(Erigeron annuus)* ④ trägt größere Blütenköpfchen mit längeren, weißen oder zart lilafarbenen Zungenblüten.

TYPISCH

Die großen Blütenstände der unangenehm riechenden Pflanze fallen auch noch im Herbst auf, wenn sich in den einzelnen Blütenkörbchen zahlreiche Früchte mit langen Haarkränzen entwickelt haben ①.

Echte Kamille

Chamomilla recutita

MERKMALE: Der reich verzweigte, kahle Stängel der Echten Kamille erreicht eine Höhe von 15–60 cm ① und ist von sehr fein gefiederten Blättern ③ besetzt. Die halbkugeligen Blütenköpfchen bestehen aus gelben Röhrenblüten, die von weißen Zungenblüten umgeben sind. Bei älteren Blüten sind diese meist nach unten geschlagen ②.

VORKOMMEN: Die Pflanze wächst in Äckern, an Wegrändern, auf Ödland und Schuttplätzen sowie in Getreidefeldern, vorzugsweise auf kalkarmem, lehmigem Boden.

BESONDERES: Die stark riechende Echte Kamille enthält zahlreiche Wirkstoffe, die sie zu einer der berühmtesten Heilpflanzen machen. Bekannt ist vor allem die entzündungshemmende Wirkung. Der lange andauernde Genuss von Kamillentee kann jedoch gesundheitsschädlich wirken.

ÄHNLICHE ART: Bei der sehr ähnlichen Geruchlosen Kamille *(Tripleurospermum perforatum)* ④ ist der halbkugelige Blütenboden gefüllt. Außerdem fehlt dieser Art, wie der Name schon sagt, der typische Kamillenduft.

TYPISCH

Die charakteristisch duftende Echte Kamille hat einen hohlen, kegelförmig hochgewölbten Blütenboden ②.

1

2

3

4

1

2

3

4

Margerite | Wiesenwucherblume

Leucanthemum vulgare

Merkmale: Der kahle oder spärlich behaarte Stängel der Margerite ist unverzweigt oder nur wenig verzweigt und erreicht eine Höhe von 30–70 cm ①. Er trägt längliche, grob gezähnte oder tief eingebuchtete Blätter ②, während die gestielten, eiförmigen Grundblätter ③ eine Blattrosette bilden. Die großen Blütensterne, die mit ihrem Nektar viele Insekten anlocken, sitzen einzeln am Ende der Stiele ④.

Vorkommen: Man findet die Margerite nicht nur häufig in Wiesen und Weiden, sondern auch an Wegrändern, solange der Boden durchlässig ist und ausreichend Nährstoffe enthält. In einer niedrigwüchsigen Unterart gedeiht sie in den Alpen sogar bis über die Baumgrenze hinaus.

Besonderes: Gezüchtete, großblütige Formen der Wiesenmargerite sind beliebte Zierpflanzen für den Garten. Teilweise blühen die Zuchtformen besonders früh oder bringen eine zweite Blüte hervor.

Typisch

Jede der kleinen, gelben Röhrenblüten der Wiesenmargerite hat fünf gleiche Zipfel. Die grünen Hüllblätter des Blütenkörbchens weisen dunkle Ränder auf.

Gänseblümchen

Bellis perennis

Merkmale: Die 5–15 cm hohe Pflanze hat grundständige, ovale Blätter, die eine Rosette bilden ②. Darüber erhebt sich der behaarte, unbeblätterte Stängel, der ein einzelnes, verhältnismäßig großes Blütenkörbchen trägt ①. Bei günstigen Witterungsbedingungen blüht das Gänseblümchen das ganze Jahr über.

Vorkommen: Diese sehr häufige Pflanze bevorzugt kurzrasige Wiesenflächen wie Weiden, Parkrasen, Mähwiesen und Gartenrasen. Sie ist aber auch an Wegrändern zu finden.

Besonderes: Abends und bei feuchter Witterung schließen sich die Blütenköpfe zur so genannten Schlafstellung ③. Bei schönem Wetter drehen sie sich oft nach der Sonne. Die Blattrosette schmiegt sich meist dicht an den Boden und entgeht so dem Weidevieh. Gefüllte Zuchtformen, die es in verschiedenen Färbungen gibt, stellen beliebte Gartenpflanzen dar.

Ähnliche Art: Das bis zu 30 cm hohe Alpenmaßliebchen *(Aster bellidiastrum)* ④ kommt im Gebirge bis weit über 2000 m Höhe vor.

Typisch

Die weißen Zungenblüten des Gänseblümchens zeigen am Rand oft eine rötliche Tönung. Die Stängel sind stark behaart.

2

3

2

3

Gewöhnliche Schafgarbe

Achillea millefolium

MERKMALE: Die 40–70 cm hohe Schafgarbe ① zeichnet sich durch ausgesprochen dichte, flache, schirmförmige Blütenstände ④ aus. Sie bestehen aus zahllosen kleinen Blütenköpfchen ③ mit fünf meist weißen, zuweilen auch zartrosa gefärbten Zungenblüten am Rand und zahlreichen Röhrenblüten in der Mitte. Der behaarte, steife und gefurchte Stängel ist nur im oberen Teil verzweigt.

TYPISCH

Ein auffälliges Merkmal sind die filigran wirkenden, doppelt fiederteiligen Blätter ②, die in unzählige Blattzipfel gespalten sind.

VORKOMMEN: Die Schafgarbe ist eine häufige Pflanze in Wiesen und Weiden, an Weg- und Feldrändern, an Böschungen, in Kahlschlägen und auf Grasplätzen.

BESONDERES: Die alte Heilpflanze wird gern von Schafen gefressen (Name!). Sie hat einen stark aromatischen Geruch, der vom Gehalt an ätherischen Ölen und Gerbstoffen herrührt. Ihre jungen, noch zarten Blätter schmecken gut in Salaten und Kräutersuppen, die älteren, herbbitter schmeckenden Blätter können klein gehackt als Würzkraut dienen.

Gewöhnliche Pestwurz

Rote Pestwurz | *Petasites hybridus*

MERKMALE: Die weiß bis blassrosa blühende Pflanze hat auffallend große, runde, bis zu 60 cm breite und 1 m hohe Blätter ②. Sie erscheinen erst nach der Blüte und sind anfangs unterseits graufilzig behaart. Die aufrechten Blütensprosse werden 20–50 cm hoch. Sie tragen neben dem traubenförmigen Blütenstand ① aus rein männlichen oder rein weiblichen Blüten nur kleine, oft rötliche Blattschuppen.

TYPISCH

Die weiblichen Blütenstände verlängern sich nach der Blütezeit, und in den Blütenkörbchen entstehen Früchte mit weißem Haarkranz ③.

VORKOMMEN: Die Pestwurz wächst typischerweise an nährstoffreichen Bachufern, in Auwäldern und Sumpfwiesen, meist in ausgedehnten, dichten Beständen.

BESONDERES: Die Blätter der Pflanze gehören zu den größten in der heimischen Flora. Im Mittelalter wurde der kriechende, dicke Wurzelstock als Arzneimittel gegen die Pest verwendet, daher der Name der Pflanze.

ÄHNLICHE ART: Die Weiße Pestwurz *(Petasites albus)* ④ ist in Gebirgswäldern zu finden. Sie hat rein weiße Blüten und meist kleinere Blätter, die auf der Unterseite locker weißfilzig behaart sind.

2

3

2

3

Gewöhnlicher Augentrost

Euphrasia rostkoviana

MERKMALE: Das selten über 25 cm hohe Pflänzchen ① fällt durch seine zweilippigen Blüten mit gelber und violetter Zeichnung auf. Bisweilen kommen auch Pflanzen mit rosafarbenen Blüten vor ③. Der im oberen Teil drüsig behaarte Stängel ist mehrmals verzweigt, die rundlichen, am Rand gezackten Blätter ② stehen sich daran paarweise gegenüber.
VORKOMMEN: Man findet die Art vor allem auf Magerwiesen und Weiderasen, an Wegrändern und Feldrainen. Im Bergland kommt sie verbreitet vor, im Tiefland hingegen eher selten, gebietsweise fehlt sie auch.
BESONDERES: Der Gewöhnliche Augentrost ist ein Halbschmarotzer, der mithilfe seiner Saugwurzeln anderen Wiesenpflanzen Nährstoffe entzieht. Nur dadurch kann er seinen Bedarf an Wasser und Salzen decken. Abkochungen des Krauts werden in der Volksmedizin wegen ihrer entzündungshemmenden Wirkung gegen Augenleiden angewendet (Name!).

TYPISCH

Die weiße Blüte trägt auf ihrer dreilappigen Unterlippe einen dottergelben Fleck ④, auch die Oberlippe ist oft etwas gefleckt.

Weiße Taubnessel

Lamium album

MERKMALE: Der aufrechte, 20–50 cm hohe Stängel der Weißen Taubnessel ist vierkantig und weist vertiefte Rinnen auf. Die ei- bis herzförmigen, gegenständigen Blätter ② haben einen scharf gezackten Rand. Die weißen bis gelblich weißen Blüten stehen in Quirlen zu fünft bis acht in den Blattachseln ①. Sie haben eine helmförmige Oberlippe ③.
VORKOMMEN: An nährstoffreichen Stellen in Äckern und Gebüschen, an Waldsäumen und entlang von Mauern und Zäunen.
BESONDERES: Beim Anflug auf die Blüten werden die Insekten mittels eines Hebelmechanismus mit Blütenstaub beladen, mit dem sie dann beim Weiterflug die nächsten Blüten bestäuben.
ÄHNLICHE ART: Die gewöhnlich purpurrot blühende Gefleckte Taubnessel *(Lamium maculatum)* ④ kann manchmal auch weiß blühen. Dann ist sie schwer von der Weißen Taubnessel zu unterscheiden. Sie trägt aber im Innern der Blütenröhre einen geraden Haarring, die Weiße einen schrägen.

TYPISCH

Die kreuzweise gegenständigen, kurz behaarten Blätter der Weißen Taubnessel sehen Brennnesselblättern (S. 184) ähnlich, brennen jedoch nicht.

1

2

3

4

1

2

3

4

Gamander-Ehrenpreis

Veronica chamaedrys

MERKMALE: Die liegend oder aufrecht wachsende Pflanze wird 15–40 cm groß. Ihr kantiger Stängel ist zweireihig behaart. Daran sitzen gegenständig rundlich ovale Blätter mit gezacktem Rand ③. Die kleinen, himmelblauen Blüten mit dunkelblauen Streifen weisen eine gelbliche oder weißliche Mitte auf. Sie bilden lockere Blütentrauben in den Achseln der oberen Blätter ①. Die reife Frucht hat die Form einer kleinen, herzförmigen Kapsel.

VORKOMMEN: Die Pflanze ist in Europa weit verbreitet. Sie gedeiht vom Tiefland bis ins Gebirge auf Fettwiesen und anderen nährstoffreichen Wiesentypen, auf Weiden, an Wegrändern, in Gebüschen, Heckensäumen und Mischwäldern.

ÄHNLICHE ART: Der nur wenig kleinere und kleinerblütige Waldehrenpreis *(Veronica officinalis)* ④ hat einen ringsum dicht und rau behaarten Stängel, der sich im Bereich des Blütenstands klebrig anfühlt.

TYPISCH

Bei der Blüte des Gamander-Ehrenpreises sind von den vier blauen Kronblättern drei gleich groß; das unterste bleibt deutlich schmaler ②.

Persischer Ehrenpreis

Veronica persica

MERKMALE: Der Persische Ehrenpreis erreicht durch seinen niederliegenden Wuchs keine große Höhe. Die dreieckigen bis rundlichen Blätter weisen am Rand deutliche Einkerbungen auf ②. Die leuchtend hellblauen Blüten sitzen einzeln auf ihren Stielen ①. Von den vier Kronblättern ist das untere etwas heller gefärbt. Bei günstigen Witterungsverhältnissen kann die Pflanze das ganze Jahr über blühen.

VORKOMMEN: Diese Ehrenpreisart ist ein Kulturbegleiter: Seit 1805 ist sie in Europa eingebürgert und heute in Äckern, Gärten und an Wegrändern zu finden.

ÄHNLICHE ART: Der Fadenehrenpreis *(Veronica filiformis)* ④ ist zarter im Wuchs, trägt rundliche Blätter ③ und wurzelt an den Stängeln. Er wird als weit verbreitetes Ackerunkraut besonders in Zierrasen unbeabsichtigt gefördert, weil die Pflanze durch das Zerschneiden der Wurzelenden geteilt wird und sich so vermehren kann.

TYPISCH

Die kräftigen, leicht behaarten Triebe des Persischen Ehrenpreises werden bis zu 50 cm lang, bilden jedoch, anders als einige andere niederliegend wachsende Ehrenpreisarten, keine Wurzeln aus.

1

2

3

4

1

2

3

4

Wiesenglockenblume

Campanula patula

MERKMALE: Diese Glockenblumenart, die 30–60 cm Höhe erreicht, hat rundlich-spatelförmige Grundblätter mit kurzen Stielen ③. Am Stängel dagegen sitzen länglich schmale, ungestielte Blätter ②. Durch die tiefe Teilung der Blütenkrone in lange Zipfel ④ ist die glockige Blütenform weniger deutlich ausgeprägt als bei vielen anderen Glockenblumenarten. Die Blüten stehen in lockeren Rispen ①.

VORKOMMEN: Allzu trockene Wiesen meidet die Wiesenglockenblume; sie wächst bevorzugt auf feuchteren, nährstoffreicheren Standorten des Tieflands und der Hügelstufe, wo sie häufig auftritt. Im Gebirge kommt sie hingegen nicht vor. Die Wiesenglockenblume ist typischerweise in artenreichen Mähwiesen anzutreffen, wo sie vor der ersten Mahd ihre Blüten öffnet.

BESONDERES: Gegen Abend sowie bei Regenwetter senken sich die Blüten, sodass Tau oder Regen den Pollen nicht nass machen können.

TYPISCH

Die Blüten der Wiesenglockenblume stehen schräg aufrecht. Ihre fünf Zipfel sind meist deutlich nach außen gebogen.

Rundblättrige Glockenblume

Campanula rotundifolia

MERKMALE: Die 20–40 cm hohe Pflanze weist nickende, blaue Blütenglocken auf ①. Die Stängelblätter ② sind dünn, lang gezogen und haben einen glatten Rand, während die lang gestielten Grundblätter ③ eine rundliche bis nierenförmige Gestalt aufweisen. Auf diese grundständigen Blätter, die zur Blütezeit oft schon verwelkt sind, bezieht sich der Artname.

VORKOMMEN: Die Pflanze gedeiht nur auf nährstoffarmen Böden. Man findet sie daher auf sauren Magerwiesen, in Weiderasen, an Waldsäumen, selbst an felsigen Standorten.

BESONDERES: Die Blüten der verschiedenen Glockenblumen sind an die Bestäubung durch Insekten angepasst. Ihrer unverkennbaren, typischen Glockenform verdankt die Rundblättrige Glockenblume vielerlei volkstümliche Namen wie Blauglöcklein, Wiesenschelle und Nähhütchen.

ÄHNLICHE ART: Die breiten Blütenglocken der Pfirsichblättrigen Glockenblume *(Campanula persicifolia)* ④ sind schräg aufwärts gerichtet.

TYPISCH

Die Blütenkrone der Rundblättrigen Glockenblume ist höchstens zu einem Drittel eingeschnitten. Sie weist eine bauchige Trichterform auf.

1
2
3
4

1
2
3
4

Ackerglockenblume

Campanula rapunculoides

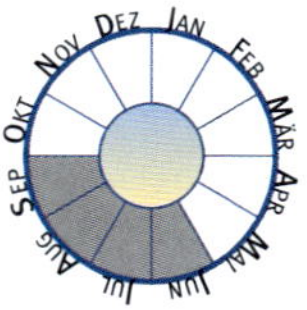

MERKMALE: Der etwas rauhaarige Stängel der Ackerglockenblume erreicht eine Höhe von 30–80 cm. Während die unteren Blätter herzförmig und gestielt sind, sitzen die oberen, schmalen Blätter ② ohne Stiel dem Stängel an. Die fünfzipfeligen Blütenglocken ① sind violett, selten auch weiß. Nach der Blüte entwickelt sich eine hängende Fruchtkapsel ③.

VORKOMMEN: An lehmigen Äckern und Wegrändern, auf Waldlichtungen und Schuttplätzen; an eher trockenen, warmen Stellen.

TYPISCH

Die an den aufrechten Stängeln der Ackerglockenblume sitzenden Blütenglocken sind alle nach einer Seite ausgerichtet ①.

BESONDERES: Die Ackerglockenblume ist eine sehr zähe Pflanze. Ihr kräftiger Wurzelstock durchdringt auch steinige und festgetretene Böden. Sie kann sogar in Ritzen asphaltierter Wege und in Mauerfugen noch gedeihen.

ÄHNLICHE ART: Die nach oben weisenden Blüten der Knäuelglockenblume *(Campanula glomerata)* ④ sitzen in Büscheln am Stängelende und in den Achseln der oberen Blätter. Diese Art fehlt im Tiefland westlich der Elbe.

Nesselblättrige Glockenblume

Campanula trachelium

MERKMALE: Die robuste, bis zu 1 m hohe Glockenblume trägt am Ende des kräftigen Stängels auffallend große Blüten, die intensiv blauviolett leuchten ①. Sie sitzen an kurzen Stielen in den Achseln der wechselständigen Blätter ③. Die fünf Zipfel der Blütenkrone sind nach außen gebogen, im Glockeninnern stehen lange Haare ④. Die breiten, scharf gezackten, nesselartigen Blätter ② sind ebenso wie der Stängel mit steifen Haaren besetzt.

VORKOMMEN: Die Nesselblättrige Glockenblume wächst in lichten Laubwäldern, bevorzugt auf nährstoffreichen Böden. Sie ist in fast ganz Europa verbreitet, nur im Tiefland westlich der Elbe tritt sie sehr selten auf.

TYPISCH

Kennzeichnend für die Nesselblättrige Glockenblume sind ihr scharfkantiger, rau behaarter Stängel sowie die in ihrer Form an Brennnesseln erinnernden Blätter.

BESONDERES: Die reifen Früchte passen ihren Verbreitungsmechanismus dem herrschenden Wetter an: Bei Regen und Feuchtigkeit sind die Poren der reifen Fruchtkapsel geschlossen, bei Trockenheit öffnen sie sich. Dann können die leichten Samen durch den Wind verbreitet werden.

1

2

3

4

1

2

3

4

Wiesenstorchschnabel

Geranium pratense

Merkmale: Der 30–60 cm hohe Wiesenstorchschnabel hat aufrechte, behaarte Stängel. Seine handförmig fünf- bis siebenteiligen Blätter sind fast bis zur Basis eingeschnitten ③. Die blauvioletten, 3–4 cm breiten Blütenschalen bestehen aus fünf Kronblättern, die zur Blütenmitte hin deutlich aufgehellt sind ④. In seltenen Fällen findet man auch weiß blühende Exemplare. In dem lockeren Blütenstand ① stehen die Blüten stets paarweise beieinander. Die Fruchtkapseln erinnern der Form nach an einen Storchenschnabel ②.

Typisch

Nach dem Abblühen biegen sich die Blütenstiele des Wiesenstorchschnabels nach unten, zur Fruchtzeit richten sie sich wieder etwas auf.

Vorkommen: Der Wiesenstorchschnabel, der nährstoffreichen Boden braucht, ist eine Pflanze kalkhaltiger, lehmreicher Fettwiesen und Wegränder im Mittelgebirgs- und Alpenraum. Im Tiefland fehlt er hingegen.

Besonderes: Die Samenkapseln springen in der Reife ruckartig in fünf Teile auf, wodurch die Samen über 2 m weit herauskatapultiert werden.

Wald-Vergissmeinnicht

Myosotis sylvatica

Merkmale: Die Blüten des Wald-Vergissmeinnichts stehen an einem verästelten, 15–45 cm hohen Stängel ①, der mit weichen Haaren bedeckt ist. Auch die schmal ovalen Blätter sind behaart ②. Die Blütenfarbe variiert von Himmelblau über Rosarot bis zu fast reinem Weiß. Nach der Blüte erscheint die Frucht, die von einem grünen, gleichfalls dicht behaarten Kelch ③ eingeschlossen ist.

Typisch

Die fünf Kronblätter des Wald-Vergissmeinnichts sind zur Basis hin zu einer engen Röhre verwachsen, an deren Eingang fünf gelbe Schlundschuppen einen Ring bilden.

Vorkommen: Das Vergissmeinnicht überzieht im Frühjahr Wiesen, Waldsäume, lichte Laubwälder und Waldschläge mit einem zarten Blauton. Es zeigt nährstoffreiche Böden an.

Besonderes: Das auffällige dottergelbe Farbmal in der Mitte der Blüten dient dazu, bestäubende Insekten anzulocken.

Ähnliche Art: Das Sumpf-Vergissmeinnicht *(Myosotis palustris)* ④ bevorzugt feuchtere Standorte und weist eine schwächere Behaarung auf. Seine Blüten sind in einseitigen traubenartigen Blütenständen angeordnet.

1

2

3

4

1

2

3

4

Echtes oder Geflecktes Lungenkraut

Pulmonaria officinalis

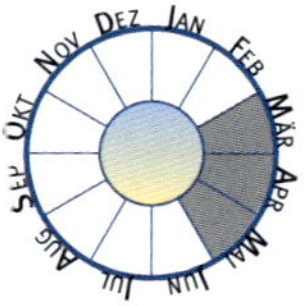

MERKMALE: Aus einem waagerecht wachsenden Wurzelstock sprießen im Frühjahr fast gleichzeitig der neue Blattschopf und auch der 10–20 cm hohe Blütenstängel ①. Die Grundblätter sind länglich eiförmig und gestielt, die oberen Blätter sitzen dem Stängel ohne Stiel an ④. Blätter, Stängel und Blütenkelche sind rundum steif behaart. Die gut 1,5 cm langen Blüten ändern nach dem Aufblühen ihre Farbe von Rosa nach Blauviolett ②. Nach der Blüte entwickeln sich daraus trockene, schmalbauchige Fruchtkapseln ③.

VORKOMMEN: Das Echte Lungenkraut ist in Laubwäldern, an Waldrändern und in Gebüschen bis in 1700 m Höhe zu finden.

BESONDERES: Die Farbe der Blüten hängt mit dem Stoffwechsel der Pflanze zusammen. Der Blütenfarbstoff wechselt seine Farbe abhängig vom Säuregrad des Zellsafts, und dieser wiederum hängt vom Alter der Blüte ab.

TYPISCH

Kennzeichnend für das Echte Lungenkraut sind die rundlichen, scharf abgegrenzten weißen Flecken auf den Blättern ④.

Gewöhnlicher Beinwell

Symphytum officinale

MERKMALE: Die borstig behaarte, bis zu 1,50 m hohe Pflanze ① hat violette, röhrenartige Blüten ③, die manchmal auch gelblich weiß sein können. Die Einzelblüten tragen im Innern fünf gegeneinander geneigte Schuppen. Die großen, länglichen Blätter ② werden zum kantigen Stängel hin schmaler und laufen an diesem bis zum nächsten Blatt herab.

VORKOMMEN: Die in Europa und Asien verbreitete Pflanze ist ein typischer Nährstoffzeiger. Sie wächst an Ufern, in Gräben sowie auf nassen Wiesen und in Auwäldern.

BESONDERES: Der Name Beinwell – das bedeutet Knochenwohl – beruht auf der übertriebenen Vorstellung, gebrochene Knochen könnten durch die Pflanzenwirkstoffe wieder verheilen.

ÄHNLICHE ART: Der kleinere Knotige Beinwell *(Symphytum tuberosum)* ④ mit gelben Blüten blüht von April bis Mai. Er verträgt schattige Standorte und gedeiht oft in größeren Beständen in feuchten Wäldern.

TYPISCH

Zwar blüht der Gewöhnliche Beinwell in verschiedenen Farbvarianten, doch anders als beim Echten Lungenkraut sind sämtliche Blüten einer Pflanze gleich gefärbt.

1

2

3

4

1

2

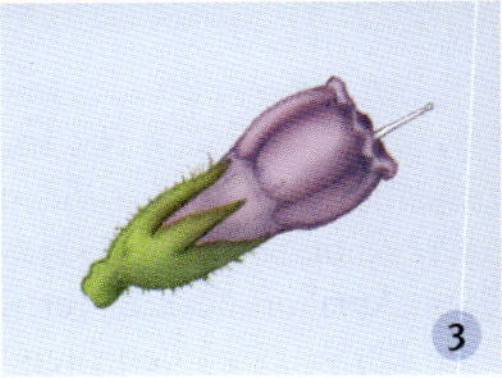
3

4

Kleines Immergrün

Vinca minor

Merkmale: Die Pflanze mit kriechenden Stängeln wird 15–30 cm hoch ①. Sie hat auffallende ledrige, dunkelgrüne, schmal ovale bis eiförmige Blätter, die auch im Winter grün bleiben. Ihre zarten, blauen Blüten stehen einzeln an aufrechten Stielen in den Achseln der gegenständigen Blätter ②.

Vorkommen: Das Immergrün ist in vielen Gebieten Mitteleuropas der einzige Vertreter einer vor allem in den Tropen verbreiteten Gruppe. Es wächst in Laubwäldern, besonders in Hainbuchenwäldern und in mit Harthölzern bestandenen Auwäldern.

Besonderes: Als Waldpflanze kommt das Immergrün mit wenig Licht aus. Es bildet flächendeckende, große Pflanzenteppiche, da sich die kriechenden Stängel in Abständen bewurzeln, sodass neue Pflanzen entstehen. Immergrün enthält in allen Teilen Giftstoffe.

Typisch

Die Blüte des Kleinen Immergrüns ist zu einer Röhre ③ verwachsen, deren fünf Zipfel sich am Ende tellerförmig ausbreiten. Am Schlundeingang zeichnet sich ein weißer Ring ab ④.

Leberblümchen

Hepatica nobilis

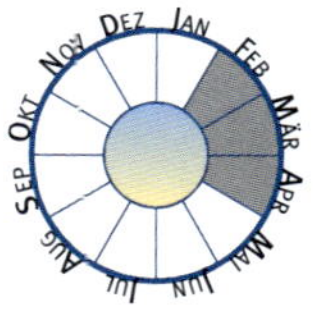

Merkmale: Der nur 10–20 cm hohe Frühjahrsblüher ① hat auffallend blaue bis blauviolette, selten auch rosafarbene oder weiße Strahlenblüten, die einzeln an einem behaarten Stiel stehen. Die grundständigen Blätter, die in ihrer Dreilappigkeit an die Form einer Leber erinnern ②, entfalten sich erst gegen Ende der Blütezeit oder nach dem Abblühen und überdauern dann das ganze Jahr einschließlich des Winters. Nach der Blüte entwickelt sich ein kugeliger Fruchtstand, der von drei kelchartigen Stängelblättern halb eingeschlossen ist ③.

Vorkommen: In kalkreichen Laubwäldern, aber auch in Kiefernwäldern, Mischwäldern und lichten Gebüschen; von der Ebene bis ins Gebirge, in Deutschland jedoch westlich des Rheins fehlend.

Besonderes: Die Blüten schützen sich vor der wechselhaften Frühjahrswitterung, indem sie sich am Abend und bei kaltem Wetter schließen. Das Leberblümchen ist schwach giftig.

Typisch

Die Blüte des Leberblümchens hat meist 6–7 Kronblätter ④ und ist von drei grünen Hochblättern umgeben, die wie Kelchblätter aussehen.

1

2

3

4

1

2

3

4

Ackerwitwenblume

Knautia arvensis

Merkmale: Die graugrünen, länglichen Grundblätter der 25–75 cm hohen Pflanze sind ungeteilt, ihre gegenständigen Stängelblätter ② hingegen tief eingeschnitten. Auf einer flachen Schale aus grünen Hüllblättern sitzen viele kleine, trichterförmige Einzelblüten mit je vier Blütenblattzipfeln und größeren Randblüten zusammen. Diese hell blauvioletten Blütenkörbchen stehen einzeln am Ende des aufrechten Stängels ①, der oben auch verzweigt sein kann und zumindest im unteren Bereich abstehend behaart ist.

Vorkommen: In trockenen Wiesen, Trockenhängen, auf Äckern und an Wegrändern.

Typisch

Von der Waldwitwenblume unterscheidet sich die Ackerwitwenblume durch die tief geteilten Stängelblätter ②, von den ähnlichen Skabiosen durch die vierteiligen Kronblätter der Einzelblüten.

Ähnliche Art: Bei der besonders in Gebirgswäldern vorkommenden Waldwitwenblume *(Knautia dipsacifolia)* ④ sind die Kronblattzipfel der Randblüten besonders stark vergrößert. Die Art hat ungeteilte Stängelblätter ③.

Taubenskabiose

Scabiosa columbaria

Merkmale: Der 20–60 cm hohe, anliegend behaarte Stängel der Taubenskabiose trägt fein gefiederte, kraus behaarte Blätter ②, während die Grundblätter spatelförmig sind ③. Am Ende der oft unverzweigten Stängel sind die blauvioletten Blüten über sternförmigen Hüllblättern zu Köpfchen vereinigt ①. Ihre 70–80 Einzelblüten sind von einem borstigen Außenkelch umgeben.

Vorkommen: In Magerwiesen und Halbtrockenrasen, auf kalkhaltigen Böden.

Typisch

Die Einzelblüten der Taubenskabiose haben fünf Zipfel, zwischen denen man schwärzliche Kelchborsten sieht.

Besonderes: Die Früchte werden von einem borstenförmigen Kelch eingeschlossen. Zur Reife werden dadurch die Samen flugfähig oder können an Tieren hängen bleiben und so verbreitet werden.

Ähnliche Art: Bei der Glänzenden Skabiose *(Scabiosa lucida)* ④, einer Gebirgspflanze, sind die Kelchborsten, die zwischen den Einzelblüten zu erkennen sind, länger als bei der Taubenskabiose. Sie hat zudem meist unbehaarte, schwach glänzende Blätter.

1

2

3

4

1

2

3

4

Kornblume

Centaurea cyanus

MERKMALE: Die auffallende, blau blühende Pflanze erreicht eine Höhe von 30–60 cm ①. Ihr aufrechter, verzweigter Stängel ist kantig und weißwollig behaart. Auch die schmalen, lediglich im unteren Bereich des Stängels gespaltenen Blätter tragen einen spinnwebartigen Haarfilz, sodass sie graugrün wirken ②. Die Hüllblätter des Blütenkorbs sind mit einem schwarzen Fransenrand versehen ③.

VORKOMMEN: Vor allem in Getreidefeldern.

BESONDERES: Wie auch andere Getreidepflanzen war die Kornblume durch die Saatgutreinigung stellenweise vollkommen verschwunden. Aufgrund von Arten- und Biotopschutzmaßnahmen scheint sie zumindest in manchen Gegenden wieder häufiger zu werden. Ihre ursprüngliche Heimat ist wahrscheinlich der Orient, von wo sie mit dem Getreideanbau in den Westen und Norden exportiert wurde.

TYPISCH

Die am Rand des Blütenkorbs stehenden Einzelblüten sind stark vergrößert und strahlenförmig angeordnet ④. Ihr typisches Blau macht die Kornblume unverwechselbar.

Gewöhnliche Wegwarte

Cichorium intybus

MERKMALE: Die stark verästelte Pflanze wird bis zu 1 m hoch ① und hat aufrechte, steife, kantige Stängel. Ihre himmelblauen Blütenkörbe stehen zu zweit oder dritt in den oberen Blattachseln und werden von grünen Hüllblättern eingefasst. Die Stängelblätter sind ungestielt und ungeteilt ②, die unterseits borstig behaarten Grundblätter hingegen gezähnt oder tief eingebuchtet, sodass sie an Löwenzahnblätter erinnern ③.

VORKOMMEN: Auf trockenen Rasen, an Wegrändern, in Äckern und auf Schuttplätzen.

BESONDERES: Ist der Standort sehr trocken, werfen Wegwarten einen Teil ihrer Blätter ab, um die Verdunstungsfläche zu verringern. So schützen sie sich vor Austrocknung. Zwei Kulturformen der Wegwarte werden auch landwirtschaftlich angebaut. Aus der Wurzel der einen gewinnt man Zichorienkaffee, einen Kaffee-Ersatz. Der gebleichte Spross der anderen ist unter der Bezeichnung Chicorée wohl bekannt.

TYPISCH

An einer Pflanze blühen immer nur einige Blütenköpfchen gleichzeitig. Sie bestehen aus lauter leuchtend hellblauen, fünfzähnigen Zungenblüten ④.

Blüte blau, zusammengesetzte Scheinblüte

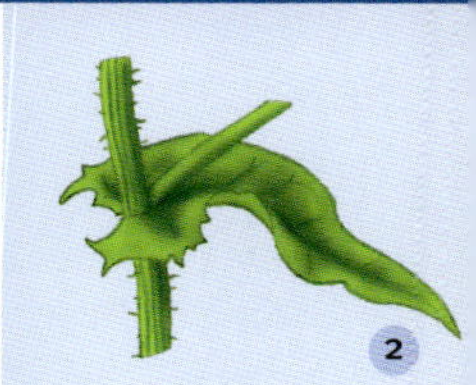

Wasserminze

Mentha aquatica

Merkmale: Die Wasserminze erreicht eine Höhe von 30–100 cm und hat lilafarbene Blüten, die am Ende des rötlichen, vierkantigen Stängels stehen ①. Die eiförmigen, auf beiden Seiten behaarten Blätter ② sind gestielt und gegenständig. Auch sie zeigen oft leicht rötliche Farbtöne. Wie die meisten Minzearten verströmt auch die Wasserminze den typischen aromatischen Geruch.

Vorkommen: Die Wasserminze bevorzugt feuchte Standorte aller Art wie Sümpfe, nasse Wiesen, Bäche, Gräben oder Gewässerufer.

Typisch

Die Blüten der Wasserminze stehen in einem dichten, kugeligen Blütenstand am Stängelende sowie quirlig in den Achseln der oberen Blätter ①.

Besonderes: Auch die Wasserminze enthält ätherische Öle, aus denen Pfefferminzöl gewonnen wird. Es findet vielseitige Verwendung als Bestandteil von Aromastoffen und Erfrischungsmitteln.

Ähnliche Art: Die größere, gleichfalls an nassen Stellen wachsende Rossminze *(Mentha longifolia)* hat längere Blätter ③ und Blütenstände ④.

Saatluzerne

Medicago sativa

Merkmale: Die 30–80 cm hohe Staude trägt an ihrem aufrechten, reich verzweigten Stängel ① zahlreiche wechselständige, schmale Blätter, die an Kleeblätter erinnern ②. An den Stängelenden sitzen köpfchenförmige Blütentrauben ④ mit blauen bis blauvioletten Einzelblüten. Daraus entwickeln sich schraubig gewundende Hülsen ③.

Vorkommen: Die Saatluzerne ist eine alte Kulturpflanze, eine wichtige Futterpflanze für das Vieh und kommt vorwiegend auf Feldern vor. Von dort kann sie leicht in benachbarte trockene Wiesen verwildern.

Typisch

Die Fiederblättchen des dreiteiligen Blatts haben einen leicht gezackten Rand. Lediglich die Endfieder ist kurz gestielt ②.

Besonderes: Die Luzerne ist ein ausgesprochener Tiefwurzler: Ihre Wurzeln wachsen bis zu 5 m tief. Dadurch kann sie Dürreperioden überstehen. In trockenen Sommern fallen auch bei uns in den ausgedörrten Rasenflächen oft deutlich die grünen Blätter der Luzerne auf. Weil ihre Wurzeln Stickstoff im Boden anreichern können, spielt die Luzerne nicht nur als Futterpflanze, sondern auch für die Bodenverbesserung eine große Rolle.

1

2

3

4

1

2

3

4

Blauer Eisenhut

Aconitum napellus

Merkmale: Der Blaue Eisenhut ist eine bis zu 2 m hohe Staude mit aufrechtem, geradem Stängel ①. Seine gestielten Blätter sind tief handförmig in 5–7 schmale Abschnitte eingebuchtet, die ihrerseits nochmals tief unterteilt sind ②. Am Stängelende stehen in einer dicht gedrängten Traube dunkelblaue Blüten mit zahlreichen Staubblättern. Zwei der fünf Blütenblätter weisen nach unten, zwei zur Seite, das oberste ist helmartig aufgewölbt ③.

Typisch

Im Unterschied zu anderen Eisenhutarten ist beim Blauen Eisenhut das helmförmige, oberste Blütenblatt breiter als hoch.

Vorkommen: In Bergwäldern und Hochstaudenfluren, auf Weiden und Almen; in den Alpen bis in 2500 m Höhe.

Besonderes: Der Blaue Eisenhut gehört zu den giftigsten Pflanzen Europas. Der Verzehr bereits kleinster Mengen kann tödlich sein.

Ähnliche Art: Der Bunte Eisenhut *(Aconitum variegatum)* ④ hat hellblaue bis violette, manchmal auch weiße oder gescheckte Blüten, deren oberstes Blütenblatt stets deutlich höher als breit ist.

Gewöhnliche Lupine

Vielblättrige Lupine

Lupinus polyphyllus

Merkmale: Die Gewöhnliche Lupine fällt mit ihren großen, fingerförmigen Blättern ② und den über 50 cm langen, aufrechten und vielblütigen Blütenkerzen ① sofort auf. Aus den leuchtend blauen bis violetten Blüten entwickeln sich als Früchte längliche Hülsen ③.

Vorkommen: Die aus dem westlichen Nordamerika eingeführte Lupine wird häufig als Zierpflanze kultiviert sowie zur Böschungsbegrünung und an Waldlichtungen angepflanzt. Da sie oft verwildert, kann sie stellenweise als eingebürgert gelten.

Typisch

Durch die charakteristischen Blütenkerzen aus 50–80 schmetterlingsförmigen Einzelblüten und ihre in 12–15 Teile gespaltenen Blätter ist die Gewöhnliche Lupine leicht zu erkennen.

Besonderes: Die Lupine eignet sich gut zur Bepflanzung schlechter Böden, weil sie mithilfe von Wurzelbakterien Stickstoff bindet und so zur Bodenverbesserung beiträgt. Die in vielerlei Farben blühenden Gartenlupinen ④ sind durch Züchtung aus der Gewöhnlichen Lupine hervorgegangen. Insbesondere die Samen sind giftig.

1

2

3

4

1

2

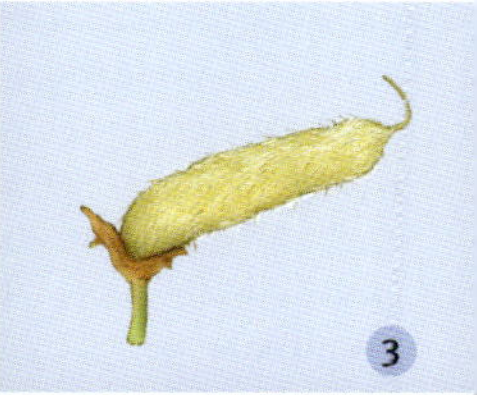
3

4

Gewöhnlicher oder Blauer Natternkopf

Echium vulgare

Merkmale: Die zweijährig wachsende Pflanze fällt durch ihre zunächst rötlichen, später blauen, aufrechten Blütenstände ① auf. Sie kann bis zu 1 m hoch werden. Mancherorts wird der Natternkopf daher auch Stolzer Heinrich genannt. Sein kräftiger Stängel ist mit stechend borstigen Haaren besetzt. Auch die länglichen Blätter sind borstig behaart, die Grundblätter gestielt, die Stängelblätter ② ungestielt.

Typisch

Während die Blütenknospen rosarot sind, nehmen die geöffneten Blüten eine blaue Färbung an ④. Sie haben fünf Kronzipfel.

Vorkommen: An trockenen Stellen auf Schuttplätzen und Ödflächen, an Wegrändern und Bahndämmen.

Besonderes: Der Natternkopf bildet im ersten Jahr nur eine grundständige Rosette aus schmalen Blättern. Im zweiten Jahr entwickelt sich der Blütenstand. Nach der Blüte und Samenreife stirbt die Pflanze ab, und der Zweijahreszyklus wiederholt sich. Die Blüte, insbesondere aber die Frucht ③ erinnert in ihrer Gestalt an den Kopf einer Natter (Name!).

Wiesensalbei

Salvia pratensis

Merkmale: Der bis zu 60 cm hohe Wiesensalbei bildet lange, aufrechte Blütenkerzen ①. Charakteristisch für die gewöhnlich blauvioletten, manchmal aber auch hellblauen, rötlichen oder weißen Blüten ist die sichelförmig hochgewölbte Oberlippe und die zweilappige Unterlippe ②. Wie der vierkantige Stängel sind auch die länglichen bis runden, hauptsächlich grundständigen Blätter ③ behaart.

Typisch

Der Wiesensalbei verströmt beim Reiben der Blätter einen sehr intensiven Geruch, der an den des Echten Salbeis erinnert.

Vorkommen: Auf trockenen Wiesen, bevorzugt auf steileren Böschungen und Hängen.

Besonderes: Der Wiesensalbei ist eine typische Bienenpflanze. Bei der Bestäubung hilft ein Hebelmechanismus: Wenn das Insekt mit dem Kopf in die Blüte eindringt, werden die Staubgefäße herausgedrückt. Der Blütenstaub wird auf dem Rücken des Insekts abgeladen.

Ähnliche Art: Der Echte Salbei *(Salvia officinalis)* ④ ist eine Mittelmeerpflanze, die bei uns in Gärten kultiviert wird. Sehr bekannt ist die Verwendung als Gurgelmittel bei Mund- und Rachenentzündungen.

1

2

3

4

1

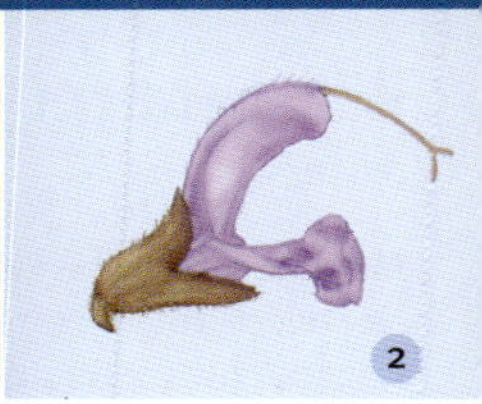
2

3

4

Gundermann | Gundelrebe

Glechoma hederacea

Merkmale: Diese Pflanze fällt durch ihre hellvioletten, quirlartigen Blütenstände auf, die in den Achseln nierenförmiger Blätter mit gekerbtem Rand ③ stehen. Der bis zu 60 cm lange, kantige Stängel wächst niederliegend ④, blühende Triebe dagegen sind aufgerichtet ①. Die Kronröhre der Blüte ist zwei- bis viermal so lang wie der Kelch, die dreilappige Unterlippe dunkelviolett gezeichnet ②.
Vorkommen: In feuchten Wäldern, in Hecken, an Zäunen, Ufern und auf Wiesen.
Besonderes: Gundermann war früher ein geschätztes Fieber- und Wundmittel. Die angenehm würzig riechende Pflanze ist jedoch schwach giftig und wird heute kaum noch verwendet. Hummeln und Bienen beißen manchmal die Kronröhre durch und holen dann den Nektar von hinten heraus, ohne dabei die Blüte zu bestäuben.

Typisch

Der kriechende Stängel des Gundermanns wurzelt in Abständen ④. Das unterscheidet ihn vom ähnlich beblätterten Persischen Ehrenpreis (S. 100), dessen liegender Stängel keine Wurzeln ausbildet.

Kriechender Günsel

Ajuga reptans

Merkmale: Der etwa 7–30 cm hoch wachsende Kriechende Günsel hat einen länglichen Blütenstand, in dem die blauen Blüten quirlartig gehäuft in den Achseln kleiner, rotbrauner Blätter sitzen ①. Auf jeder Ebene befinden sich bis zu zehn Blüten. Unterhalb des Blütenstands sitzen dunkelgrüne Blätter ungestielt am Stängel ③, die Blätter der Bodenrosette haben einen langen, vierkantigen Stiel.
Vorkommen: In nicht allzu trockenen Laubwäldern sowie auf gedüngten Wiesen.
Besonderes: Mithilfe ihrer oberirdisch kriechenden, beblätterten Ausläufer, die an den Blattknoten Wurzeln schlagen, bedeckt die Pflanze schnell größere Flächen und schützt so den Boden vor Erosion.
Ähnliche Art: Der Heide- oder Genfer Günsel *(Ajuga genevensis)* ④ hat leuchtend dunkelblaue Blütenquirle, ist stärker behaart und entwickelt keine Ausläufer. Er besiedelt Trockenwälder und Waldränder.

Typisch

Die einzelnen Blüten des Kriechenden Günsels haben eine verkümmerte Oberlippe und eine gut ausgebildete Unterlippe mit zwei Seitenlappen und einem großen geteilten Mittellappen ②.

1

2

3

4

1

2

3

4

Vogelwicke

Vicia cracca

Merkmale: Die Blätter der Vogelwicke weisen eine feine Fiederung auf und tragen am Ende eine Ranke ②, mit deren Hilfe die Pflanze bis zu 1,50 m hoch klettern kann. Die lang gestielten, traubenartigen Blütenstände ① bestehen aus zahlreichen blauvioletten Schmetterlingsblüten. Daraus entwickeln sich als Früchte gut 2 cm lange, wenig abgeflachte Hülsen ③.
Vorkommen: In Wiesen, Auen, an Waldrändern, Böschungen und auf Äckern; häufig.
Besonderes: Die Wickelranken der jung entfalteten Fiederblätter führen kreisende Suchbewegungen durch. Sie reagieren auf Berührungsreize und halten sich an Maschenzäunen, Getreidehalmen oder anderen Pflanzenstängeln fest, indem sie sich eng darum herumwickeln.
Ähnliche Art: Die Blüten der Waldwicke *(Vicia sylvatica)* ④ sind weißlich bis blasslila. Sie sitzen an einem schlaffen, kantigen Stängel.

Typisch

Neben den langen, blauvioletten Blütentrauben kennzeichnet der kantige, unbehaarte oder allenfalls kurz anliegend behaarte Stängel die Vogelwicke.

Zaunwicke

Vicia sepium

Merkmale: Die 30–60 cm hohe Zaunwicke hat gefiedertes Laub, das aus 4–7 Paaren von länglichen bis eiförmigen Teilblättchen besteht ②. Die kurzen Blütentrauben ① weisen nur wenige schmetterlingsförmige Einzelblüten ④ auf, die in der Knospe noch rotviolett sind, später einen Farbwechsel nach Violett bis Blassblau durchmachen. Nach der Blüte entstehen unbehaarte, zunächst grüne, in der Reife schwarz glänzende Hülsen ③.
Vorkommen: Die rankende Wicke kommt in gedüngten Wiesen, auf Äckern sowie auch an Weg- und Waldrändern häufig vor.
Besonderes: Bei feuchtem Wetter scheidet die Zaunwicke durch Blattdrüsen einen süßen Saft aus, was vermutlich dem Druckausgleich des Zellsafts dient. Der zusätzliche Nektar zieht Ameisen an, die dann eifrig auf der Pflanze umherkrabbeln. Die Drüsen sind auf der Unterseite der Nebenblätter als schwärzliche Flecken erkennbar.

Typisch

Jede Blütentraube der Zaunwicke, die an nur kurzen Stielen in den Blattachseln sitzen, hat bis zu sechs Blüten. Die Kelchblätter sind zu einer Röhre mit ungleich langen Zipfeln verwachsen.

1

2

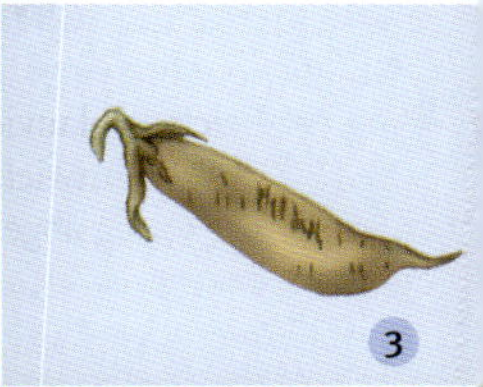
3

4

1

2

3

4

Zimbelkraut | Mauerleinkraut

Cymbalaria muralis

Merkmale: Das Zimbelkraut ist eine niederliegende bis kriechende Pflanze, die sich stark verzweigt und größere, 5–15 cm hohe Polster ausbilden kann ②. Die kleinen, blassgrünen, rundlichen Blätter sind fünf- bis siebenlappig und an der Unterseite oft purpurn überlaufen ③. Die zartvioletten Blüten haben einen auffallenden Sporn. Die kräftig gelben Flecken auf der Unterlippe dienen anfliegenden Bienen und Schwebfliegen als Markierung ①.

Vorkommen: Die Pflanze wurde ursprünglich als Gartenzierpflanze aus Südeuropa bei uns eingeführt. Verwildert wächst sie vielerorts in schattigen Fugen, Mauern und Felsspalten.

Besonderes: Nach der Befruchtung der Blüten wächst der lange Fruchtstiel ④ in dunkle Felsspalten oder Mauerritzen hinein, wo die Samenkapsel aufspringt. Dort sind ideale Voraussetzungen für die Keimung gegeben.

Typisch

Die lang gestielten Blüten des Zimbelkrauts stehen einzeln in den Blattachseln. Ihre dreigeteilte Unterlippe weist zum Schlund hin zwei kräftig dottergelbe, erhabene Flecken auf.

Waldveilchen

Viola reichenbachiana

Merkmale: Das Waldveilchen hat eine violette Blütenkrone ① und einen gleichfarbigen Sporn. Die rundlich ovalen, kurz gestielten Blätter ② stehen sowohl am Boden wie auch am aufrechten, 10–15 cm hohen Stängel.

Vorkommen: Das Waldveilchen bevorzugt humusreiche Laub- und Mischwälder, in denen es vom Tiefland bis ins Gebirge wächst.

Besonderes: Ein feines Strichmuster auf dem unteren Kronblatt signalisiert den Insekten von weitem die genaue Lage des Blüteneingangs, sodass lange Suchmanöver unnötig sind. Viele eifrige Nektarsammler halten sich daher nur wenige Sekunden an der Blüte auf. Die Pflanze enthält in den Blüten und Blättern ätherische Öle und Schleimstoffe und wird daher in der Naturheilkunde bei Atemwegserkrankungen eingesetzt.

Ähnliche Art: Das Hainveilchen *(Viola riviniana)* ④ hat einen hellen Blütensporn und wächst in lichten, trockeneren Wäldern als das Waldveilchen. Es ist aber auch auf Rasen und Weiden mit kalkarmen Böden verbreitet.

Typisch

Die Blüte des Waldveilchens hat fünf Kronblätter, die sich nicht überdecken, und einen dunkelvioletten, geraden Sporn ③.

1

2

3

4

1

2

3

4

Großes Schöllkraut

Chelidonium majus

Merkmale: Der behaarte Stängel des Großen Schöllkrauts wird 30–70 cm hoch und ist im oberen Bereich stark verzweigt. Er trägt geteilte, nur schwach behaarte und unterseits deutlich blaugrüne Blätter ①. Die lang gestielten gelben Blüten bestehen aus vier sich kreuzweise gegenüberstehenden, eiförmigen Kronblättern und zwei Kelchblättern ②, die bald abfallen. Nach der Blüte bilden sich lange, schmale, unbehaarte Schoten ③ mit zahlreichen schwarzen, ölhaltigen Samen.

Typisch

Das Große Schöllkraut führt einen orangegelben Milchsaft, der an Bruchstellen von Blättern oder Stängeln hervorquillt ④.

Vorkommen: An Schuttplätzen, Wegrändern, Mauern, Gebüschsäumen.

Besonderes: Der Milchsaft des Großen Schöllkrauts ist giftig. Er wurde früher zur Behandlung von Hühneraugen und Warzen verwendet, was der Pflanze auch den Namen Warzenkraut eingetragen hat. Die Samen werden durch Ameisen verbreitet. Sie besitzen nämlich ein kammförmiges, weißes Anhängsel, das von den Ameisen verzehrt wird.

Blutwurz

Potentilla erecta

Merkmale: Die 10–30 cm hohe Blutwurz hat fingerförmig geteilte Blätter ②. Die grundständigen Blätter bilden eine Rosette, sie welken aber oft schon, ehe die Pflanze blüht. Die ungestielten oberen Blätter sind dreizählig gefiedert und haben am Grund zwei kleinere, so genannte Nebenblätter. Die gelben Blüten stehen auf dünnen Stielen in den Blattachseln ①.

Vorkommen: Vorzugsweise in Magerwiesen und Heiden, auf Weiden und an Waldrändern, vorwiegend auf kalkarmen Böden.

Typisch

Die Blüten der Blutwurz tragen innen dunkelgelbe Punkte und bestehen aus vier Kronblättern und vier Kelchblättern.

Besonderes: Der zerschnittene oder zerbrochene Wurzelstock ③ verfärbt sich an der Schnittfläche rötlich, daher der Name Blutwurz. Wegen ihrer Inhaltsstoffe, insbesondere wegen des Gehalts an Gerbstoffen, wird die Pflanze in der Heilkunde als Magenmittel sowie für Kosmetik verwendet.

Ähnliche Art: Das Kriechende Fingerkraut *(Potentilla reptans)* ④, das oft an Wegrändern, in Gräben oder auf Wiesen wächst, entwickelt lange Ausläufer. Seine großen Blüten haben fünf Kronblätter.

1

2

3

4

1

2

3

4

Ackersenf

Sinapis arvensis

MERKMALE: Der 20–60 cm hohe Ackersenf hat rau behaarte, am Rand gezackte oder grob gelappte Stängelblätter und schwefelgelbe Blütentrauben ①. Aus den Blüten entwickeln sich längliche Schoten, die an der Spitze einen schnabelförmigen Fortsatz tragen ②.
VORKOMMEN: Häufig an Wegrändern und Feldrainen, in Äckern und auf Schuttplätzen.
BESONDERES: Die Pflanze wurde bereits mit dem Ackerbau aus dem Mittelmeerraum bei uns eingeführt und ist heute in den gemäßigten Zonen Europas weit verbreitet. Wegen der sehr großen Samenproduktion vermag sich der Ackersenf rasch auszubreiten. Seine Samen behalten über Jahrzehnte hinweg ihre Keimfähigkeit.
ÄHNLICHE ART: Der Weiße Senf *(Sinapis alba)* ④ hat lang behaarte Schoten ③, in denen hellere Samen als beim Ackersenf sitzen. Aus diesen Samen wird die bekannte Speisewürze hergestellt.

TYPISCH
Der längliche Schnabel der Schote ist beim Ackersenf im Querschnitt fast rund. Die Samen im Innern der Schote sind rotbraun bis dunkelbraun.

Echtes Labkraut

Galium verum

MERKMALE: Das 10–70 cm hohe Echte Labkraut ① fällt im Frühsommer mit seinen Quirlen fast nadelartig schmaler Blätter ② und den reich verzweigten, goldgelben bis zitronengelben Blütenrispen ④ auf. Die nur etwa 3 mm breiten Einzelblüten weisen vier zugespitzte, sternförmig ausgebreitete Kronblätter auf ③.
VORKOMMEN: Charakteristisch ist das Vorkommen in kalkhaltigen Magerwiesen, an Wegrändern und in Dünen in Küstengebieten.
BESONDERES: Diese Labkrautart wurde früher zur Käseherstellung verwendet. Die Pflanze enthält nämlich Labferment, ein Enzym, das die Milch gerinnen lässt und auch im Labmagen der Kälber vorkommt. Davon leitet sich der Name Labkraut ab. Außerdem wurde die Pflanze zur Gewinnung gelber und roter Farbstoffe genutzt. Nicht zuletzt spielte das vielseitige Echte Labkraut auch in der Volksmedizin eine Rolle, z. B. als harntreibendes Mittel. Den Bienen bieten die Blütenstände reichlich Nahrung, denn die winzigen Blüten produzieren viel Nektar.

TYPISCH
Die üppigen Blütenrispen des Echten Labkrauts verströmen vor allem bei warmem Wetter einen intensiven Duft nach Honig.

1

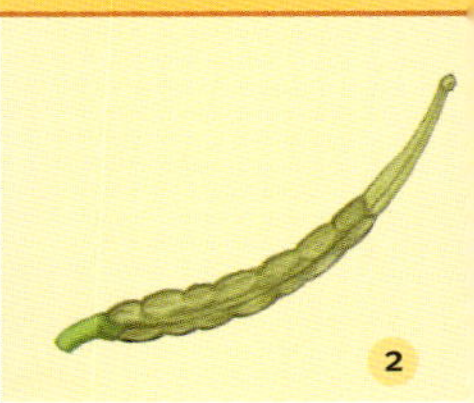
2

3

4

1

2

3

4

Schwarze Königskerze

Verbascum nigrum

Merkmale: Die zweijährig wachsende Pflanze wird etwa 50–100 cm hoch ①. Die im unteren Stängelbereich gehäuften Blätter sind unterseits stark, oberseits aber nur schwach behaart. Sie sind länglich eiförmig und am Stängelansatz herzförmig ②. Der sehr lange Blütenstand trägt gelbe, radförmige Einzelblüten, deren rundliche Kronblätter an der Basis einen purpurroten Fleck aufweisen. Nur selten treten am Grund wenige seitliche Blütenähren auf. Nach einer Befruchtung entwickeln sich längliche Fruchtkapseln ③, deren Klappen bei der Reife aufspringen und Hunderte winziger Samen entlassen.

Typisch

In den Blüten der Schwarzen Königskerze fallen kräftig orangefarbene Staubblätter auf, deren Stielchen dicht violett behaart sind ④.

Vorkommen: Die Schwarze Königskerze bevorzugt Böschungen, Schuttplätze, Kahlschläge, Ufer, Wegränder und brachliegende Flächen.
Besonderes: Die Blüten produzieren nur wenig Nektar. Vielmehr werden die Insekten durch die orangefarbenen Staubbeutel angelockt.

Großblütige Königskerze

Verbascum densiflorum

Merkmale: Die fast 2 m hoch wachsende Große Königskerze hat trichterförmige, gelbe Blüten ③, die bis zu 4 cm Durchmesser erreichen und in mehreren langen, traubenartigen Blütenständen stehen ①. Der steif aufrechte, nur wenig verzweigte Stängel ist wollig behaart. Die bis zu 40 cm langen, am Rand gekerbten Blätter ② bilden am Boden eine Rosette. Dem Stängel sitzen sie ungestielt an.

Typisch

Die ungestielten Stängelblätter der Großblütigen Königskerze laufen im oberen Bereich der Pflanze flügelartig den Stängel herab bis zum nächsttieferen Blatt.

Vorkommen: Die Pflanze kommt an sonnigen Waldschlägen, Schuttplätzen, Wegrändern, Böschungen und ähnlichen Standorten vor.
Besonderes: Wie die meisten Königskerzen ist auch diese Art zweijährig. Im ersten Jahr entwickelt sich eine Rosette großer Blätter, im zweiten treibt dann der reich beblätterte Stängel aus.
Ähnliche Art: Die Kleinblütige Königskerze *(Verbascum thapsus)* ④ hat nur bis zu 2 cm breite Blüten. Auffallend ist die Behaarung ihres Stängels und der Blätter, wodurch diese ein wollig-filziges Aussehen erhalten.

1

2

3

4

1

2

3

4

Gewöhnlicher Gilbweiderich

Lysimachia vulgaris

MERKMALE: Die goldgelb blühende Pflanze hat einen aufrechten Stängel und erreicht eine Höhe bis zu 1 m ①. Ihre Blütentrauben finden sich an der Stängelspitze und in den oberen Blattachseln. Jede Blüte weist fünf rot gesäumte Kelchzipfel und fünf breite Kronzipfel auf ②. Die länglichen Blätter stehen meist zu dritt in einem Quirl ③, manchmal auch zu zweit oder zu viert.
VORKOMMEN: Auf nassen Waldlichtungen und Wiesen von der Ebene bis ins Hochgebirge.
ÄHNLICHE ART: Der Punktierte Gilbweiderich oder Tüpfelstern *(Lysimachia punctata)* ④ hat beblätterte Blütentrauben. Die in Quirlen angeordneten, länglichen Blätter tragen auf der Unterseite dunkle Punkte, die der Pflanze den Namen gaben. Sie wächst an Ufern und Feuchtwiesen sowie an feuchten Waldrändern. Die attraktive Art wird auch gern in Bauerngärten als Zierpflanze gehalten.

TYPISCH

Die weit ausgebreiteten fünf Blütenzipfel wirken wie freie Blütenblätter. Beim Abzupfen wird jedoch deutlich, dass die Blütenkrone an ihrer Basis verwachsen ist.

Echtes Johanniskraut

Tüpfelhartheu | *Hypericum perforatum*

MERKMALE: Die Pflanze wird 30 – 60 cm hoch. Ihr unbehaarter, markiger und zweikantiger Stängel ist im Blütenstandsbereich meist verzweigt. Die zahlreichen länglichen Blätter sitzen gegenständig ② daran. Die gelben Blüten sitzen in lockeren Blütenständen beieinander ①. Sie bestehen aus je fünf Kelch- und Kronblättern und 50 oder mehr Staubblättern.
VORKOMMEN: An Wegrändern, auf Brachland und Waldlichtungen, in Magerrasen und moorigen Wiesen; vom Tiefland bis ins Gebirge.
BESONDERES: Die alte Heilpflanze wird in der Volksmedizin als entzündungshemmendes Mittel und gegen Depressionen eingesetzt. In Verbindung mit Licht können die Inhaltsstoffe Hautreaktionen auslösen.
ÄHNLICHE ART: Das Gefleckte Johanniskraut *(Hypericum maculatum)* ④ hat einen deutlich vierkantigen, hohlen Stängel. Seine Kronblätter sind auf der ganzen Fläche drüsig punktiert ③.

TYPISCH

Im Gegenlicht sehen die Blätter wie perforiert aus ②, was von eingelagerten Öldrüsen herrührt. Beim Zerreiben der Kronblätter zwischen den Fingern tritt ein purpurroter Farbstoff aus.

1

2

3

4

1

2

3

4

Frühlingsschlüsselblume

Wiesenschlüsselblume | Wiesenprimel

Primula veris

Merkmale: Am Ende eines 15–30 cm hohen, blattlosen Stängels ist ein schirmartiger Blütenstand ausgebildet ①. Die nickenden Blüten sind von goldgelber Farbe und verströmen einen süßlichen Duft. Die allesamt grundständigen, länglichen Blätter wirken runzelig ②.
Vorkommen: Die Pflanze bevorzugt kalkhaltige Böden und trockene Standorte wie Trockenwiesen und lichte Laubwälder.
Besonderes: Bei dieser Schlüsselblumenart gibt es zwei verschiedene Formen des Blütenaufbaus: Eine mit langem Griffel und tief in der Kronröhre sitzenden Staubblättern, die andere mit kurzem Griffel und weiter oben sitzenden Staubblättern. Dies sorgt für die kreuzweise Bestäubung durch Insekten.
Ähnliche Art: Die Hohe Schlüsselblume *(Primula elatior)* ④ wächst an feuchteren Stellen. Ihre zitronengelben Blüten verströmen keinen Duft.

Typisch

Die glockenförmigen Blüten der Frühlingsschlüsselblume tragen im Innern orangefarbene, duftende Flecken ③, die so genannten Farbmale.

Stängellose Schlüsselblume

Primula vulgaris

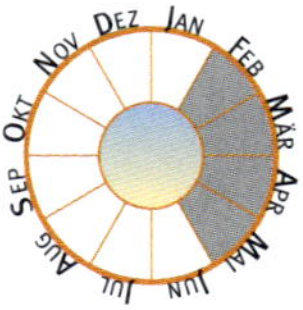

Merkmale: Bei der nur 5–10 cm hohen Pflanze entspringen mehrere gestielte Blüten einer Blattrosette am Boden ④. Die länglichen, runzeligen Blätter ② sind unterseits graugrün und behaart. Der röhrig verwachsene Teil der Blütenkrone steckt in einer schmalen, fünfzipfeligen Kelchröhre ③, der obere Teil der Blüte besteht aus fünf herzförmigen, ausgebreiteten, schwefelgelben Kronzipfeln ①. Die Stiele der sich nach der Blüte entwickelnden Fruchtkapseln liegen schlaff auf dem Boden.
Vorkommen: Die Stängellose Schlüsselblume wächst in Laubwäldern, an Waldrändern und in Wiesen, und zwar auf nährstoffreichem Boden. Regional ist sie in ihrem Bestand stark gefährdet.
Besonderes: Diese Schlüsselblume ist die Stammpflanze vieler unserer bunten Gartenprimeln, die es in ganz unterschiedlichen Farbmischungen im Handel gibt. Umgekehrt ist bekannt, dass Gartenprimeln nach einigen Jahren in die Wildform zurückschlagen.

Typisch

Die tellerförmig ausgebreiteten Blüten der Stängellosen Schlüsselblume tragen am Eingang zum Schlund orangegelbe Flecken.

1

2

3

4

1

2

3

4

Echte Nelkenwurz

Geum urbanum

MERKMALE: Die 25–50 cm hohe, aufrechte und behaarte Pflanze hat goldgelbe, meist fünfzählige, etwa 1,5 cm große Blüten ①. Sie stehen einzeln auf ihren Stielen. Die Blätter sind unregelmäßig gefiedert und ihre Teilblätter ungleich groß ③. Gewöhnlich ist das oberste Fiederblatt dreilappig.
VORKOMMEN: In Auwäldern und Gebüschen, an Wegrändern; auf stickstoffreichem Boden.
BESONDERES: Der Wurzelstock der Echten Nelkenwurz enthält ein schwach giftiges ätherisches Öl, dessen Duft deutlich an Gewürznelken erinnert (Name!). Die charakteristischen Früchte ④ bleiben mit ihren hakenförmigen Schnäbeln im Fell von Tieren oder auch an Kleidung hängen und werden auf diese Weise verbreitet.
ÄHNLICHE ART: Die goldgelben Blütenschalen der Bergnelkenwurz *(Geum montanum)* ② sind mit bis zu 4 cm Durchmesser deutlich größer.

TYPISCH

Die igelartigen, rötlichen Fruchtstände ① der Echten Nelkenwurz zerfallen bei der Reife in einzelne längliche Früchtchen mit einem hakenförmig gekrümmten Schnabel ④.

Gänsefingerkraut

Potentilla anserina

MERKMALE: Der kurze Stängel des Gänsefingerkrauts verästelt sich zu kleinen Rasenpolstern. Aus diesen entspringen sowohl Blatt- als auch Blütenstiele. Die gefiederten Blätter ② sind oberseits grün, unterseits tragen sie meist einen weißen Haarfilz. Der Blütenkelch wird von den fünf gelben Kronblättern überragt ①. Aus jeder Blüte entsteht ein kugeliger Fruchtstand aus vielen Nüsschen ③. Die Pflanze bildet bis zu 50 cm lange, wurzelnde Ausläufer.
VORKOMMEN: An Wegen und anderen Stellen mit verdichtetem, stickstoffhaltigem Boden.
BESONDERES: In den Blüten befinden sich UV-reflektierende Flecken, die für das menschliche Auge unsichtbar sind. Sie dienen dem Anlocken von Insekten, denn diese können UV-Licht wahrnehmen. Die kleinen Früchte bleiben an Tierhaaren hängen und werden dadurch verbreitet.
ÄHNLICHE ART: Das Frühlingsfingerkraut *(Potentilla tabernaemontani)* ④ hat ähnliche Blüten, aber handförmig gefiederte Blätter.

TYPISCH

Die Blätter sind aus 10–20 scharf gezackten Teilblättchen zusammengesetzt, zwischen denen oft noch winzige Fiederchen stehen ②.

1

2

3

4

1

2

3

4

Scharfer Hahnenfuß

Ranunculus acris

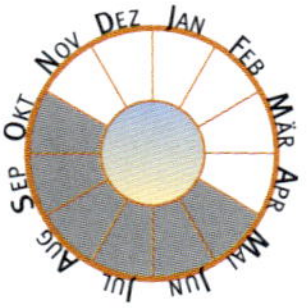

MERKMALE: Der Scharfe Hahnenfuß erreicht bis zu 1 m Wuchshöhe ①. Seine unteren Blätter haben lange Stiele und sind handförmig geteilt. Auch die obersten Blätter ③ sind tief zerteilt, sie sitzen jedoch dem Stängel direkt an. Die Blüten haben fünf glänzend gelbe, rundliche Kronblätter, die einen Kranz mit zahlreichen Staubgefäßen umschließen.
VORKOMMEN: Auf stärker gedüngten, feuchten, aber nicht nassen Fettwiesen und Weiden.
BESONDERES: Die Pflanze enthält einen scharfen, nach Kampfer riechenden Stoff, der stark giftig ist. Beim Eintrocknen geht die Giftwirkung jedoch verloren, sodass der Scharfe Hahnenfuß im Heu dem Vieh nicht mehr schadet. Auf den Weiden bleibt er häufig inselartig stehen.
ÄHNLICHE ART: Der stärker behaarte Waldhahnenfuß *(Ranunculus nemorosus)* ④ bevorzugt Magerwiesen sowie Laub- und Mischwälder.

TYPISCH

Der Scharfe Hahnenfuß ist nicht oder nur unauffällig behaart. Seine Früchte haben einen kurzen, schnabelartigen Fortsatz und stehen in kugelförmigen Köpfchen ②.

Kriechender Hahnenfuß

Ranunculus repens

MERKMALE: Die nur 10–50 cm hohe Hahnenfußart bringt 2–3 cm große, goldgelbe Schalenblüten hervor ①. Die am Stängelgrund stehenden Blätter sind lang gestielt und gelappt. Ihr Blattumriss ist dreieckig, nicht rund ②. Die zahlreichen kleinen Früchte sind am Ende der Stängel zu einem kugeligen, kompakten Fruchtstand vereinigt ③.
VORKOMMEN: Nasse Wiesen, Ufer, Gräben und Brachflächen werden von den kriechenden, an den Knoten wurzelnden Sprossen überzogen. Im Garten kann sich die Pflanze mit ihren Ausläufern unerwünscht stark ausbreiten. In den Alpen ist sie bis in 2300 m Höhe zu finden.
BESONDERES: Wie alle Hahnenfußarten enthält auch der Kriechende Hahnenfuß einen schwach giftigen Inhaltsstoff. Die abgeschnittenen Stängel können Hautreizungen auslösen (»Wiesendermatitis«).
ÄHNLICHE ART: Der Knollige Hahnenfuß *(Ranunculus bulbosus)* ④ hat stark zurückgeschlagene Kelchblätter und eine knollige Stängelbasis.

TYPISCH

Die fünf spitz dreieckigen Kelchblätter des Kriechenden Hahnenfußes stehen aufrecht und liegen den breiten Kronblättern an.

1

2

3

4

1

2

3

4

Pfennigkraut

Lysimachia nummularia

MERKMALE: Das Pfennigkraut hat kriechende Stängel und bildet bis zu 50 cm lange, an den Knoten wurzelnde Ausläufer. Die rundlichen, in Paaren stehenden Blätter ② erinnern ein wenig an Münzen. Die hellgelben bis kräftig gelben, fünfzähligen Blüten ① erscheinen nicht an der Spitze, sondern in der Mitte der Stängel in Blattachseln. Später entwickeln sich aus ihnen kapselartige Früchte.

VORKOMMEN: Das Pfennigkraut wächst häufig an feuchten Stellen, etwa in Auen, Feuchtwiesen, an feuchten Wegen oder ähnlichen Standorten, oft in größeren Beständen. Es verträgt aber zeitweise auch Austrocknung.

TYPISCH

Die gegenständigen, rundlichen Blätter des Pfennigkrauts sind auffallend in einer Ebene angeordnet ②. Die Kronblätter der Blüten sind ungefähr zweimal so lang wie die Kelchblätter.

ÄHNLICHE ART: Der Haingilbweiderich *(Lysimachia nemorum)* ④ hat kleinere und spitzere Blätter. Seine Stängel wachsen eher aufsteigend. Die Blüten stehen einzeln auf langen, dünnen Stielen in den Blattachseln ③.

Gelbe Teichrose | Gelbe Mummel

Nuphar lutea

MERKMALE: Diese Schwimmblattpflanze ist mit einem kriechenden Wurzelstock im Gewässerboden verankert. Sie hat eiförmige, am Stielansatz herzförmig eingeschnittene, ledrige Schwimmblätter ③, daneben aber auch weiche, wellig krause Unterwasserblätter. Die Blüten stehen einzeln an langen, bis zum Grund reichenden Stielen. Fünf große, gelbe Kelchblätter umgeben zahlreiche unauffällige Kronblätter mit Nektar absondernden Drüsen ④. Die Samen der beerenartigen Frucht ② sind durch ihr markiges Fruchtfleisch schwimmfähig (Wasserverbreitung).

VORKOMMEN: Die Gelbe Teichrose findet man in stehenden und langsam fließenden Gewässern, wo ihre Blätter große Flächen bedecken können ①. Durch den Rückgang natürlicher Gewässer ist sie in ihrem Bestand gefährdet und daher streng geschützt.

TYPISCH

Die rundlichen Blüten der Gelben Teichrose schwimmen meist nicht, sondern sind etwas über die Wasserfläche hinausgehoben. Sie verströmen einen intensiven, alkoholartigen Duft.

BESONDERES: Alle Teile der Pflanze, vor allem die Wurzel, sind giftig.

1

2

3

4

1

2

3

4

Sumpfdotterblume

Caltha palustris

MERKMALE: Die dottergelben, glänzenden Blütenschalen der Sumpfdotterblume erscheinen sehr früh im Jahr auf einem bis zu 50 cm hohen, teilweise liegenden, hohlen Stängel ①. Die rundlichen Blätter sind am Grund herzförmig eingebuchtet, dunkelgrün und glänzend ④. Während die oberen direkt am Stängel sitzen, sind die grundständigen Blätter lang gestielt.
VORKOMMEN: An Feuchtstandorten verschiedener Art, etwa Sumpfwiesen und Bachufern.
BESONDERES: Bei Regen sind die Blüten geöffnet und füllen sich mit Wasser, wodurch sie bestäubt werden. Bei Sonnenschein hingegen übernehmen zahlreiche Insekten die Bestäubung. Die Sumpfdotterblume ist schwach giftig.
ÄHNLICHE ART: Die Trollblume *(Trollius europaeus)* ② hat größere, kugelförmige, hellgelbe Blüten und handförmig geteilte Blätter ③. Sie blüht später als die Sumpfdotterblume, im Mai und Juni, auf feuchten Bergwiesen.

TYPISCH

Die schalenförmigen Blüten haben neben zahlreichen Staubblättern lediglich fünf kronblattartige, goldgelbe Hüllblätter.

Scharbockskraut

Ranunculus ficaria

MERKMALE: Die Pflanze wächst niederliegend und erreicht nur eine Höhe von 5–15 cm ①. Ihre rundlichen, fleischigen und lang gestielten Blätter sind am Grund herzförmig ②. Die glänzend goldgelben, sternförmigen Blüten ④ bilden im Frühjahr auffällige Blütenteppiche. Im Lauf des Sommers sterben die oberirdischen Teile der Pflanze ab. In Mitteleuropa entwickelt das Scharbockskraut keine Samen. Stattdessen vermehrt es sich über so genannte Brutknöllchen, die in den Blattachseln entstehen ③. Diese werden durch starken Regen abgeschwemmt und wachsen zu neuen Pflanzen heran. Bei größeren Ansammlungen dieser Knöllchen spricht man im Volksmund von »Getreideregen« oder »Himmelsbrot«.
VORKOMMEN: Das Scharbockskraut bedeckt oft großflächig die Böden feuchter Laubwälder, besonders von Auwäldern.
BESONDERES: Aufgrund seiner Verwandtschaft mit Hahnenfußarten enthält das Scharbockskraut denselben leicht giftigen Inhaltsstoff wie diese.

TYPISCH

Die Blüten des Scharbockskrauts haben 8–12 schmale Kronblätter, aber meist nur drei kelchblattartige Hüllblätter.

1

2

3

4

1

2

3

4

Scharfer Mauerpfeffer

Scharfe Fetthenne | *Sedum acre*

Merkmale: Die 5–12 cm hohen Polster des Scharfen Mauerpfeffers bestehen aus zahlreichen Stängeln, an denen die kleinen, dickfleischigen Blättchen sitzen ②. Die fünfzähligen Blüten haben spitze, abstehende, fleischige Kronblätter ①. Der sich sternförmig öffnende Fruchtstand besteht aus fünf Teilfrüchten ③.
Vorkommen: Die trockenheitsliebende Pflanze bildet nicht selten großflächige dichte Bestände. Man findet sie an Mauern, Felsen, steinigen Orten und auf sandigen Böden.

Typisch
Die frischen Blätter des Mauerpfeffers haben einen scharfen, pfefferartigen Geschmack, von dem der Name der Pflanze herrührt.

Besonderes: Die nektarreichen Blüten werden sehr häufig von Insekten besucht, die Samen von Ameisen fortgetragen. Die Pflanze kann sich aber auch durch leicht wurzelnde Stängelteile vermehren. Ihre giftigen Inhaltsstoffe reizen die Schleimhäute und wirken narkotisierend.
Ähnliche Art: Die Milde Fetthenne *(Sedum sexangulare)* ④, auch Milder Mauerpfeffer genannt, hat dünnere Blätter. Ihr fehlt der scharfe Geschmack.

Mauerlattich

Mycelis muralis

Merkmale: Der 60–80 cm hohe Mauerlattich hat unregelmäßig fiederteilige Blätter ②, die oft rötlich überlaufen und unterseits bläulich grün getönt sind. Am Ende des hohlen Stängels stehen in einem lockeren Blütenstand zahlreiche kleine Blütenköpfchen ①. Jeder Blütenkorb ist von bleichgrünen Hüllblättern umgeben und besitzt einen strahligen Kranz aus fünf hellgelben Zungenblüten ④. Dies lässt ihn wie eine einfache fünfblättrige Blume aussehen.
Vorkommen: Der Mauerlattich ist eine Schatten liebende Pflanze, die vorzugsweise in krautreichen Laub- und Nadelwäldern wächst. Er besiedelt auch Mauerfugen, was der Pflanze den deutschen Namen eingebracht hat. In den Tälern ist der Mauerlattich weit verbreitet und im Gebirge bis in 1700 m Höhe hinauf zu finden.

Typisch
Bricht man Stängel oder Blätter des Mauerlattichs ab, tritt an der Wundfläche ein dickflüssiger, weißer Milchsaft aus.

Besonderes: Die Blüten des Mauerlattichs werden in erster Linie von Fliegen und Bienen bestäubt. Die Verbreitung der kleinen, mit einem weißen Haarkranz versehenen Früchte ③ geschieht durch den Wind.

1

2

3

4

1

2

3

4

Kanadische Goldrute

Solidago canadensis

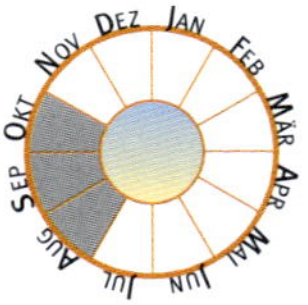

Merkmale: Die hochwüchsige, 50–250 cm hohe Pflanze ① bildet oft große Bestände. An dem behaarten Stängel sitzen zahlreiche schmale Blätter. An seinem Ende sind unzählige kleine, gelbe Blütenkörbchen zu einem verzweigten Blütenstand zusammengefasst. Die Früchtchen tragen weiße Haarkränze ③.
Vorkommen: Ursprünglich wurde die Goldrute als Zierpflanze aus Nordamerika bei uns eingeführt. Durch ihre Ausläufer und die reichliche Samenproduktion breitet sie sich sehr schnell aus. Sie verwildert häufig an Schuttplätzen, in offenen Gärten und an Ufern.
Ähnliche Art: Die Riesengoldrute *(Solidago gigantea)* ④ hat einen im unteren Bereich kahlen Stängel. Ihre Zungenblüten sind länger als die Röhrenblüten. Entgegen ihrem Namen bleibt sie meist kleiner als die Kanadische Goldrute. Sie wächst in Auwäldern, Hochstaudenfluren und an Wegrändern.

Typisch

Der Stängel und die Blattunterseiten der Kanadischen Goldrute sind dicht behaart. In den Blütenkörbchen sind die Zungenblüten ebenso lang wie die Röhrenblüten ②.

Fuchs' Greiskraut

Fuchs' Kreuzkraut | *Senecio ovatus*

Merkmale: Die auffällige Staude erreicht eine Höhe von 60–100 cm und hat ovale bis längliche Blätter ②. Die gelben Blütenköpfchen sind in schirmartigen Blütenständen am Ende des Stängels angeordnet ①.
Vorkommen: In Wäldern mit reichlich Unterwuchs, vor allem an lichten Stellen und auf Kahlschlägen der Hügel- und Bergstufe, in den Alpen bis in 2000 m Höhe; zeigt frischen, nährstoffreichen und humosen Lehmboden an.
Besonderes: Die Pflanze ist durch die späte Blütezeit ein wichtiger Nektarlieferant für viele Falterarten. Diese Greiskrautart ist hochgiftig. Ihre Inhaltsstoffe können nicht nur organschädigend sein, sondern auch die Erbanlagen schädigen. In größerer Menge führt das Kraut auch beim Vieh zu Gesundheitsschäden oder sogar zum Tod.
Ähnliche Art: Auch das an ähnlichen Standorten wachsende Haingreiskraut *(Senecio hercynicus)* hat sehr schmale Zungenblüten ④. Es ist aber stärker behaart und hat breitere Blätter ③.

Typisch

Fünf goldgelbe, sehr schmale Zungenblüten umgeben strahlenförmig 6–15 dottergelbe, später bräunliche Röhrenblüten.

1

2

3

4

1

2

3

4

Gewöhnliches Greiskraut

Senecio vulgaris

Merkmale: Die häufige Pflanze wird je nach Standort unterschiedlich groß, meist aber nicht über 50 cm. Ihre Blütenkörbchen sind am Ende des aufrechten Stängels zu einem lockeren Blütenstand zusammengefasst ①. Sie enthalten nur Röhrenblüten, die in einem Kelch aus Hüllblättern sitzen ②. Aus den Blütenköpfen entwickeln sich kleine, löwenzahnähnliche Fruchtstände ③. Die gefiederten Blätter sind mit einem weißen Haarfilz bedeckt.

Vorkommen: Die Pflanze wächst bevorzugt in Äckern, Gärten und an Schuttplätzen. Bei günstiger Witterung kann sie ganzjährig blühen.

Typisch

Die äußeren Hüllblätter der Blütenköpfe sind bis zur Hälfte schwärzlich gefärbt. Die Blütenköpfe bleiben die meiste Zeit geschlossen und öffnen sich nie weit.

Besonderes: Das Gewöhnliche Greiskraut enthält Giftstoffe, die als leberschädigend und krebserregend gelten.

Ähnliche Art: Die gelben Blütenkörbchen des Jakobs-Greiskrauts *(Senecio jacobea)* ④ sind meist von 13 Zungenblüten umrandet.

Raue Gänsedistel

Sonchus asper

Merkmale: Die bis zu 1 m hoch wachsende Raue Gänsedistel hat dunkelgrüne, derbe und stachelig gezackte Blätter ①. Auffällig ist, dass die Blätter auf der Oberseite stark glänzen. Sie sind meist ungeteilt und nur selten gefiedert. Die tiefgelben Blütenköpfe sitzen am Ende des Stängels und bestehen aus zahlreichen Zungenblüten. Daraus entwickeln sich silbrig weiße, haarige Fruchtstände ②.

Vorkommen: Vorzugsweise in lehmigen, nährstoffreichen Äckern, aber auch in Gärten und auf Schuttplätzen.

Typisch

Aus dem abgeschnittenen Stängel der Rauen Gänsedistel tritt ein weißer, kautschukartiger Saft aus.

Besonderes: Die kleinen Früchte werden durch einen Kranz langer Haare, der wie ein Fallschirm wirkt, verblasen. Aber auch Ameisen tragen zu deren Verbreitung bei. Trotz der rauen Blätter stellt die milchsaftführende Pflanze ein gutes Viehfutter dar.

Ähnliche Art: Die Kohlgänsedistel *(Sonchus oleraceus)* ④ weist keine harten Stacheln auf. Sie hat im Gegensatz zur Rauen Gänsedistel deutlich gefiederte Blätter ③, deren obere ohne Stiel direkt am Stängel sitzen.

1

2

3

4

1

2

3

4

Wiesenpippau

Crepis biennis

Merkmale: Der 50–120 cm hohe Wiesenpippau fällt durch seinen verzweigten Blütenstand mit den löwenzahnähnlichen Blütenköpfen ① schon von weitem auf. Die länglichen, gezackten Blätter ② sitzen an einem verzweigten Stängel. Nach der Blüte entwickeln sich im Blütenboden zahlreiche Früchte mit einem Kranz aus weißen, biegsamen Haaren, die bei der Windverbreitung als »Fallschirm« dienen.
Vorkommen: Der Wiesenpippau ist in Düngewiesen und an Wegrändern häufig zu finden.

Typisch
Stängel und Blätter des Wiesenpippaus führen einen weißen Milchsaft. Die Zacken der Blätter sind meist abwärts gerichtet.

Besonderes: Im ersten Jahr entwickelt der Wiesenpippau nur einen Blattschopf. Dieser überwintert und treibt im zweiten Jahr den Blütenstand aus. Die Entwicklung der Früchte und Samen kann ohne Bestäubung erfolgen.
Ähnliche Art: Der Kleinköpfige Pippau *(Crepis capillaris)* ④ hat kleinere, außen rötlich überlaufene Blütenköpfe und im Umriss schmalere Blätter, deren Zacken meist etwas nach oben weisen ③.

Rainkohl

Lapsana communis

Merkmale: Die aufrechte, 30–100 cm hohe Pflanze entwickelt einen lockeren Blütenstand mit vielen kleinen, blassgelben Blütenkörben ①. Die Einzelblüten sind ausschließlich Zungenblüten ③, die Hüllblätter zweireihig angeordnet. Der einen weißen Milchsaft führende, teilweise behaarte Stängel ist besonders oben stark verästelt, wobei die Seitentriebe in einem steilen Winkel nach oben wachsen ④. Während die unteren Blätter tiefe Einbuchtungen zeigen ②, sind die oberen länglich. Den Früchten fehlt eine Haarkrone.

Typisch
Der Rainkohl ist durch die charakteristische Blattform gekennzeichnet: Unter dem großen Endlappen stehen zwei kleinere Seitenlappen ab ②.

Vorkommen: Der Rainkohl wächst in Auwäldern, auf Waldlichtungen, auf nährstoffreichen Äckern, an Wegrändern und auf Schuttplätzen. Er gedeiht gut an überdüngten Plätzen und zeigt daher an, dass der Boden reichlich Stickstoff enthält. In Gärten kommt er häufig als Unkraut vor.
Besonderes: An Tagen mit bedecktem Himmel bleiben die Blütenköpfe geschlossen. Aber auch an sonnigen Tagen öffnen sie sich nur vormittags.

1

2

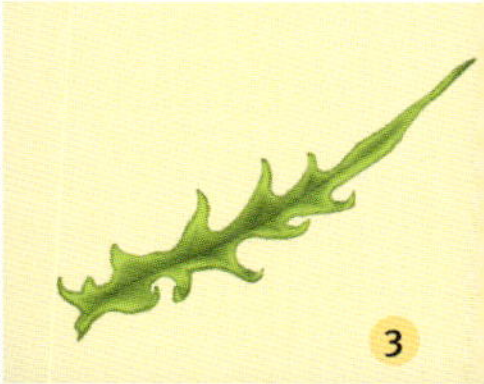
3

4

1

2

3

4

Ackergänsedistel

Sonchus arvensis

MERKMALE: Die 50–150 cm hohe, stachelige Pflanze hat längliche, gefiederte Blätter ②. Ihr aufrechter Stängel ist nur im Bereich des Blütenstands verzweigt. Die an Löwenzahn erinnernden, goldgelben Blütenkörbe ④ bestehen ausschließlich aus zungenförmigen Einzelblüten ①. Die zahlreichen Früchtchen tragen eine Haarkrone, mit deren Hilfe sie vom Wind verbreitet werden. Sie bilden in ihrer Gesamtheit einen kugeligen, weißhaarigen Fruchtstand ③. Durch ihren kriechenden Wurzelstock kann die Pflanze große Bestände bilden.

TYPISCH

Die Blätter der Ackergänsedistel umfassen den Stängel nur halb. Die Blütenköpfchen und -stiele sind mit gelblichen, klebrigen Drüsen besetzt.

VORKOMMEN: Die Ackergänsedistel wächst auf lehmigen Äckern, an Wegrändern, Ufern und Gräben. Im Gebirge oberhalb von 1500 m fehlt sie.

BESONDERES: Der Name Gänsedistel kommt daher, dass die milchsaftführende Pflanze eine begehrte Futterpflanze für die Gänse ist. Für den Menschen ist sie hingegen giftig.

Rauer Löwenzahn

Leontodon hispidus

MERKMALE: Die gelben Blütenköpfchen des 15–50 cm hohen Rauen Löwenzahns entspringen einer Blattrosette ②. Sie sitzen einzeln auf einem dünnen, rauhaarigen, unbeblätterten Stängel ①. Dieser ist im Gegensatz zum bekannteren Löwenzahn (S. 156) nicht hohl.

VORKOMMEN: Der Raue Löwenzahn ist eine Wiesenpflanze. Man findet ihn in Fettwiesen, Nasswiesen und Halbtrockenrasen. Die anspruchslose Pflanze kommt von der Ebene bis ins Hochgebirge vor.

BESONDERES: Die Blüten sind vom zeitigen Morgen bis zum frühen Nachmittag geöffnet. Die Samen werden durch eine fallschirmartige Haarkrone an den Früchten verbreitet.

TYPISCH

Die Blütenkörbe des Rauen Löwenzahns zeigen vor dem Aufblühen eine nickende Stellung ③. Sie bestehen aus zahlreichen gelben Zungenblüten, von denen die äußeren auf der Rückseite manchmal rot gestreift sind.

ÄHNLICHE ART: Der Schweizer Löwenzahn *(Leontodon helveticus)* ④ wächst auf Bergheiden. Außerhalb der Alpen kommt er nur vereinzelt vor. Seine orangegelben Blütenköpfe stehen auch schon vor dem Aufblühen aufrecht.

1

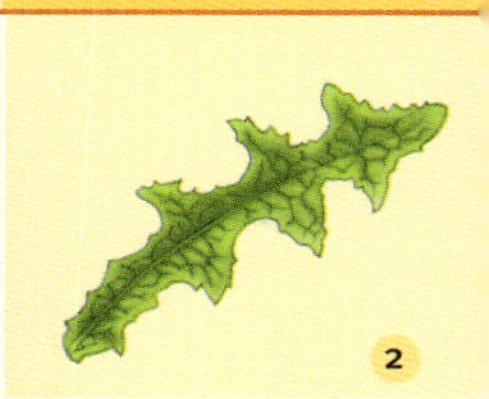
2

3

4

1

2

3

4

Löwenzahn | Kuhblume | Pusteblume | *Taraxacum officinale*

Merkmale: Löwenzahn wird 10–50 cm hoch und besitzt eine Blattrosette mit unregelmäßigen, tief geteilten Blättern ④. Der Stängel ist hohl und blattlos und trägt am Ende einen einzelnen großen Blütenkorb mit bis zu 200 zungenförmigen Blüten ①. Der Blütenstand ist jedoch nur bei Sonnenschein geöffnet, am Abend und bei feuchtem Wetter schließt er sich. Nach dem Abblühen bildet sich ein kugeliger Fruchtstand ② mit lauter kleinen »Fallschirmen« ③, die sich in der Reife lösen und vom Wind davongetragen werden.

Typisch

Beim Abpflücken der Blütenköpfe tritt aus dem hohlen Stängel reichlich weißer Milchsaft aus, der etwas klebrig ist und leicht bitter schmeckt.

Vorkommen: Die Pflanze wächst massenhaft auf nährstoffreichen Böden, Wiesen – besonders Fettwiesen –, Weiden, an Wegrändern und in Gärten.

Besonderes: Aus den jungen Blättern lässt sich im Frühjahr schmackhafter Salat zubereiten. Die Volksmedizin schätzt die Blätter als harntreibendes und blutreinigendes Mittel.

Wiesenbocksbart

Tragopogon pratensis

Merkmale: Die 30–60 cm hohe Pflanze trägt einen breiten Blütenkorb mit hellgelben Zungenblüten ①, die von schmalen, grünen Hüllblättern ④ umgeben sind. Die Spitzen der Staubbeutel sind dunkelviolett. Der dünne Stängel ist reichlich mit grasartig schmalen Blättern besetzt ②. Nach der Blüte entwickelt sich ein großer Kopf von Flugschirmchen, der an den Fruchtstand des Löwenzahns erinnert ③.

Typisch

Die Blütenkörbe des Wiesenbocksbarts öffnen sich nur bei sonnigem Wetter und schließen sich schon zur Mittagszeit wieder.

Vorkommen: Der Wärme liebende Wiesenbocksbart wächst bevorzugt in Wiesen auf lockeren Ton- bzw. Lehmböden ohne Staunässe, auch in Halbtrockenrasen und an Wegrändern. In den Alpen gedeiht er bis in etwa 1700 m Höhe.

Besonderes: Seinen deutschen Namen erhielt der Bocksbart, weil der noch geschlossene Fruchtstand, aus dem die weißen Haare herausragen, an den Bart eines Ziegenbocks erinnert. Die jungen Sprosse wurden früher, wie Spargel zubereitet, als Gemüse gegessen, ebenso die dicke Wurzel, die im Geschmack an Schwarzwurzeln erinnert.

1

2

3

4

1

2

3

4

Huflattich

Tussilago farfara

Typisch

Zur Blütezeit hat der Huflattich noch keine Blätter getrieben, seine Stängel sind lediglich von rötlichen Blattschuppen besetzt.

Merkmale: Der Huflattich hat etwa 15 cm hohe Stängel mit nur je einem Blütenkopf ①. Darin umgibt eine Reihe von schmalen Zungenblüten die zentralen Röhrenblüten. Die Stängel sind mit schuppenförmigen Blättern besetzt ③. Erst nach der Blüte wachsen die großen, grundständigen und unterseits filzig behaarten Blätter. Sie haben lange Stiele und sind im Umriss herzförmig bis fast fünfeckig ②. Der Haarkranz der Früchte, der die Früchtchen wie ein Fallschirm davonträgt, ist sehr lang ④.

Vorkommen: Als ausgesprochene Pionierpflanze tritt der Huflattich überall dort auf, wo sich noch keine geschlossene Pflanzendecke gebildet hat, beispielsweise an Schuttplätzen, Wegen oder Ackerrändern.

Besonderes: Seit der Antike ist die hustendämmende Wirkung von Huflattichblättern bekannt. Bei einer Überdosierung der Heilpflanze kann es allerdings zu Leberschädigungen kommen.

Kleines Habichtskraut

Mausohr-Habichtskraut

Hieracium pilosella

Typisch

Die zungenförmigen Blüten des Kleinen Habichtskrauts sind auf der Unterseite häufig rot gestreift.

Merkmale: Die 5–30 cm hohe Pflanze bildet oft große Pflanzenteppiche aus. Ihre hell- bis schwefelgelben Blütenköpfe aus lauter Zungenblüten ① stehen auf einem blattlosen Stiel über einer Rosette von Grundblättern ②. Außen sind sie von kurzen Hüllblättern umgeben ④. Die blaugrünen Laubblätter haben eine längliche bis ovale Form. Auf ihrer Oberseite sowie am Rand sind sie langhaarig bewimpert, die Unterseite ist mit einem silbrig weißlichen Haarfilz versehen ③.

Vorkommen: Das Kleine Habichtskraut ist eine typische Pflanze sonnig-warmer Mager- und Trockenrasen, von Heiden und Wegrändern.

Besonderes: Bei Trockenheit rollen sich die Blätter ein. Durch die dann nach außen gewendete weiße Blattunterseite wird das Licht reflektiert und eine weitere Erwärmung verhindert. Dadurch ist die Pflanze vor Austrocknung geschützt. Die Blütenkörbchen sind nur bei Sonnenschein vom Vormittag bis zum frühen Nachmittag geöffnet.

1

2

3

4

1

2

3

4

Rainfarn

Tanacetum vulgare

MERKMALE: Der Rainfarn ist eine bis 1,50 m hohe Pflanze mit einem holzigen, im oberen Teil verzweigten Stängel. Die gelben, knopfartigen Blütenkörbe ② sind zu einem schirmartigen Blütenstand vereinigt ①. Die wechselständigen Blätter sind gefiedert und bestehen aus etwa 12 Paaren scharf gezackter, ungleich großer Blättchen ③.

VORKOMMEN: Häufig auf Schuttplätzen und an Bahndämmen, auch an Wegrändern, Ufern und Gebüschsäumen.

TYPISCH

Die fein gefiederten Blätter des Rainfarns erinnern an Farnblätter. Zerreibt man sie, verströmen sie einen aromatischen Geruch.

BESONDERES: Der Rainfarn hat eine lange Tradition als Heilpflanze. In größeren Mengen ist er allerdings giftig. Früher wurde er als Wurmmittel verwendet. Heute wird er im biologischen Landbau zur Schädlingsbekämpfung und Kräftigung der Kulturpflanzen eingesetzt.

ÄHNLICHE ART: Sehr ähnliche Blätter hat die weiß blühende Straußblütige Wucherblume *(Tanacetum corymbosum)* ④. Ihr Laub ist jedoch geruchlos.

Hopfenklee | Schneckenklee

Medicago lupulina

MERKMALE: Beim Hopfenklee sind bis zu 50 winzige, gelbe Blüten zu kugeligen Köpfen zusammengefasst ①. Die teilweise niederliegende Pflanze bildet bis zu einem halben Meter lange Stängel aus. Daran sitzen kleeartige Blätter, die nur geringfügig behaart sind. Die einzelnen Blättchen sind leicht gezähnt.

VORKOMMEN: Auf Wiesen und Schuttplätzen, vorzugsweise in tiefer gelegenen Landstrichen, an Wegrändern und Straßen aber auch bis in Gebirgsregionen vordringend.

TYPISCH

Wenn die verblühten Kronblätter abgefallen sind, kann man die schwarzen, gekrümmten Früchte sehen, die zu Köpfchen zusammengefasst sind ③.

BESONDERES: Im Unterschied zu den Blüten der eigentlichen Kleearten *(Trifolium-*Arten*)* fallen die Kronblätter des Hopfenklees nach der Blüte bald ab. Manchmal wird der schnellwüchsige Klee zu Futterzwecken oder als Gründünger angebaut.

ÄHNLICHE ART: Der Feldklee *(Trifolium campestre)* ④ hat größere Blütenköpfe, deren Kronblätter nach dem Verblühen nicht abfallen ②. Außerdem fehlen ihm die gekrümmten Fruchthülsen.

Wiesenplatterbse

Lathyrus pratensis

Merkmale: Die 30–60 cm hohe Wiesenplatterbse besitzt gelbe, traubenartige Blütenstände ①. Sie setzen sich aus einzelnen schmetterlingsförmigen Blüten ③ zusammen. Der kantige Stängel ist kurz anliegend behaart und trägt gefiederte Blätter mit Ranken ②, doch klettert die Pflanze schlecht. Die schmalen Blätter haben auf der Unterseite deutliche Blattnerven. Die Fruchthülsen weisen bei der Reife eine schwarze Färbung auf ④.

Vorkommen: Diese Platterbsenart wächst in nährstoffreichen Fett-, Nass- und Moorwiesen.

Typisch

Bis zu 12 Schmetterlingsblüten sitzen bei der Wiesenplatterbse am Ende eines Blütenstiels, der sich deutlich über die schmal gefiederten Blätter erhebt.

Besonderes: Die Früchte sind im Gegensatz zur Gartenerbse abgeflacht, daher der Name Platterbse. In den Wurzeln befinden sich, wie bei vielen Pflanzen mit Hülsenfrüchten, kleine Knöllchen. Sie stammen von Bakterien, die den Stickstoff der Luft binden. Dadurch tragen sie zur Nährstoffversorgung des Bodens bei. Die ganze Pflanze ist schwach giftig.

Gewöhnlicher Hornklee

Lotus corniculatus

Merkmale: Der höchstens 50 cm hohe Gewöhnliche Hornklee hat fünfteilig gefiederte Blätter, wobei das unterste Fiederpaar dem Stängel direkt ansitzt ③. Die sonnengelben Blüten stehen in einem lang gestielten, schirmartigen Blütenstand am Ende des Stängels ①. Nach der Blüte erscheinen die Früchte, die krallenartig vom Stängel abstehen ②.

Vorkommen: Den Hornklee findet man häufig auf Wiesen und Weiden.

Typisch

Die schmetterlingsförmigen Blüten des Gewöhnlichen Hornklees sind vor allem in der Knospe außen stärker rötlich gefärbt.

Besonderes: Der Stängel verankert sich mit einer langen Pfahlwurzel im Boden. Der Wurzelstock erreicht eine Lebensdauer von bis zu 30 Jahren. Der Hornklee ist eine begehrte Futterpflanze für das Vieh sowie auch für Bienen. Der Bestäubungsmechanismus der Blüten ist speziell auf Bienen und Hummeln eingerichtet.

Ähnliche Art: Der Hufeisenklee *(Hippocrepis comosa)* ④ wächst auf kalkreichen Magerwiesen und an Felsen. Seine Früchte bestehen aus 3–6 hufeisenförmigen Gliedern. Er ist in ganz Europa verbreitet und häufig.

1

2

3

4

1

2

3

4

Ackerstiefmütterchen

Ackerveilchen | *Viola arvensis*

MERKMALE: Das meist nur 10–20 cm hohe Ackerstiefmütterchen bringt auf seinem stark verzweigten Stängel lang gestielte, weißlich gelbe, manchmal violett überlaufene Blüten hervor. Das untere Kronblatt trägt einen Sporn und zeigt ein dunkles, zur Blütenmitte führendes Strichmuster ①. Die Blätter sind im oberen Stängelbereich länglich und gelappt ③, im unteren hingegen breit und gestielt ②.

VORKOMMEN: Häufig auf Äckern und Schuttplätzen, an Wegrändern, auf Brachflächen.

BESONDERES: Das Ackerstiefmütterchen ist eine sehr widerstandsfähige Art, denn es wurzelt bis zu 45 cm tief. In der Volksheilkunde wurde es gegen Husten und Halsentzündungen verwendet.

ÄHNLICHE ART: Das Wilde Stiefmütterchen *(Viola tricolor)* ④ hat größere Blüten, die meist stärker blauviolett überlaufen oder sogar dreifarbig sind. Seine Kronblätter sind deutlich länger als die Kelchblätter.

TYPISCH

Bei den cremegelben Blüten des Ackerstiefmütterchens sind die aufwärts gerichteten Kronblätter nicht oder nur wenig länger als die Kelchblätter.

Gelber Hohlzahn | Saathohlzahn

Galeopsis segetum

MERKMALE: Der Gelbe Hohlzahn ist eine 10–40 cm hohe, einjährige Pflanze mit verzweigtem, vierkantigem Stängel. Die gegenständigen, bis zu 4 cm langen Blätter sind kurz gestielt und am Rand brennnesselartig grob gezackt ③. Während die Unterseite dicht behaart ist, trägt die Blattoberseite nur kurze Haare. Die gelben Blüten werden in dichten Quirlen in den Achseln der oberen Blätter gebildet ①. Ihre rund 3 cm lange Blütenkrone ist in eine helmförmige Ober- und eine dreiteilige Unterlippe mit großem, meist dunkel gezeichnetem Mittellappen geteilt ②.

VORKOMMEN: An Waldrändern, in lichten Wäldern und auf Ödland; auf kalkarmen, sandigen Böden.

ÄHNLICHE ART: Bei der Blüte des bis zu 1 m hohen Bunten Hohlzahns *(Galeopsis speciosa)* ④ ist der breite Mittellappen der Unterlippe dunkelrot bis kräftig violett gefärbt. Die Art findet man nur zerstreut in Hecken, an Feld- und Wegsäumen und auf Brachflächen.

TYPISCH

Die Unterlippe trägt am Eingang zur Kronröhre zwei kleine, zahnartige Höcker, die Erkennungsmerkmale der Hohlzahnarten.

1

2

3

4

1

2

3

4

Gewöhnliches Leinkraut

Linaria vulgaris

MERKMALE: Die 20–70 cm hohe Pflanze ① fällt durch ihre langen, nadelförmig schmalen, weichen Blätter ③ ebenso auf wie durch den Blütenstand am Ende des Stängels ④. Er setzt sich aus gelben Einzelblüten mit einer zweiteiligen Ober- und einer dreiteiligen Unterlippe zusammen ②. Der mittlere Teil der Unterlippe ist polsterförmig verdickt und leuchtend orange gefärbt.

VORKOMMEN: An Bahndämmen, Schuttplätzen, Wegen und ähnlichen Standorten.

BESONDERES: Nur größere Insekten wie Hummeln sind imstande, in den Blütenschlund zwischen Ober- und Unterlippe zu gelangen. Das Leinkraut treibt eine verzweigte Wurzel bis 1 m tief in den Boden, wodurch es auch bei Trockenheit lange Zeit genügend Wasser erhält. Beim Ausreißen der Staude bleibt oft ein Stück der Wurzel im Boden, aus der sich eine neue Pflanze entwickeln kann.

TYPISCH

Die Kronröhre der hellgelben Blüte des Gewöhnlichen Leinkrauts ist in einen deutlichen Sporn verlängert, in dem sich der Nektar sammelt.

Wiesenwachtelweizen

Melampyrum pratense

MERKMALE: Der aufrechte, kantige Stängel des 10–30 cm hohen Wiesenwachtelweizens ist zuweilen verzweigt. Seine gegenständigen Blätter sind länglich und schmal ③. Die blassgelben Blüten, die in einem ährenartigen Blütenstand zusammengefasst sind ①, besitzen eine lange Röhre, eine helmartige Oberlippe und eine gerade vorgestreckte Unterlippe ②.

VORKOMMEN: Die Pflanze bevorzugt lichte Wälder, Heiden und Hochmoore. Sie zeigt nährstoffarme, saure Böden an.

BESONDERES: Der giftige Wiesenwachtelweizen gehört zu den so genannten Halbschmarotzern. Er kann zwar selbst grünen Pflanzenfarbstoff produzieren, zieht aber dennoch mit seinen knotigen Saugorganen Nährstoffe aus den Wurzeln anderer Pflanzen, oft aus Gräsern.

ÄHNLICHE ART: Der ebenfalls gelb blühende Hainwachtelweizen *(Melampyrum nemorosum)* ④ unterscheidet sich durch breitere Blätter und violette, tief gezackte Hochblätter im Blütenstand.

TYPISCH

Die Blüten des Wiesenwachtelweizens stehen fast rechtwinklig vom Stängel ab und weisen alle in dieselbe Richtung ①.

1

2

3

4

1

2

3

4

Zottiger Klappertopf

Rhinanthus alectorolophus

Merkmale: Die 20–50 cm hohe Pflanze hat gelbe, lippenförmige Blüten ②, die jeweils in der Achsel bleichgrüner Hochblätter stehen ①. An ihrer Oberlippe befindet sich ein kleiner blauer, zahnartiger Fortsatz. Auffällig ist der bauchige Blütenkelch. Die ovalen, gezackten Blätter sitzen gegenständig am Stängel ③.
Vorkommen: Der Zottige Klappertopf bildet in Wiesen häufig große Bestände.
Besonderes: Der Name der Pflanze rührt von einem vernehmlichen Klappern der Samen in den reifen Fruchtkapseln. Wie der Wachtelweizen (S. 166) ist auch der Klappertopf ein Halbschmarotzer. Wo er gehäuft auftritt, kann das Wachstum anderer Wiesenpflanzen, z. B. Gräser, beeinträchtigt werden. Die Pflanze ist für Weidetiere schwach giftig.
Ähnliche Art: Der Grannenklappertopf *(Rhinanthus glacialis)* ④ wächst im Gebirge auf steinigen Rasen. Seine Hochblätter tragen lange Grannen.

Typisch

Beim Zottigen Klappertopf sind Stängel und Hochblätter zottig behaart, ebenso der Kelch, der die nur wenig gekrümmte Kronröhre umschließt.

Kleiner Klappertopf

Rhinanthus minor

Merkmale: Die 10–30 cm hohe Pflanze hat schmale, gezackte Blätter ①. Im bauchig erweiterten, unbehaarten Blütenkelch befinden sich hellgelbe, lippenförmige Blüten ②. Die Blütenröhre ist gerade, die zwei Zähne der Oberlippe sind weißlich oder blassblau.
Vorkommen: Auf nährstoffarmen Wiesen, Weiden und Magerrasen in tieferen Lagen.
Besonderes: Auch der Kleine Klappertopf ist giftig und gehört zu den Halbschmarotzern. Die Kapselfrüchte bleiben von dem blasig aufgetriebenen Kelch umgeben. Noch Monate nach der Blütezeit findet man die dürren, graubraunen Blütenstände und kann das Klappern der reifen Samen hören. Der Klappertopf bringt oft eine zweite Generation im Jahr hervor, sodass man auch im Spätsommer blühende Pflanzen finden kann.
Ähnliche Art: Auch der Große Klappertopf *(Rhinanthus angustifolius)* ④ hat einen unbehaarten Kelch. Der Schlund seiner leicht aufwärts gekrümmten Blütenkronröhre ist jedoch mehr oder weniger fest geschlossen ③.

Typisch

Der Kleine Klappertopf unterscheidet sich vom Großen durch eine gerade Kronröhre, deren Schlund stets deutlich geöffnet ist.

1

2

3

4

1

2

3

4

Klebriger Salbei

Salvia glutinosa

MERKMALE: Der Klebrige Salbei hat große, an der Basis pfeilförmige Blätter mit gezacktem Rand ②. Der kantige Stängel ist am Grund leicht verholzt und wird bis zu 1 m hoch. An seinem Ende bilden die in Quirlen stehenden lippenförmigen Blüten einen aufrechten, traubenartigen Blütenstand ①.

VORKOMMEN: In Berg- und Schluchtwäldern.

BESONDERES: Der Klebrige Salbei hat durch seine Verzweigung und die verholzte Stängelbasis fast strauchigen Charakter. Im Winter jedoch stirbt die Pflanze großteils oberirdisch ab, um im Frühjahr wieder von der Basis auszutreiben. Dem Klebrigen Salbei fehlt der aromatische Salbeigeruch, und er wird auch nicht für Heilzwecke verwendet.

ÄHNLICHE ART: Der Aufrechte Ziest *(Stachys recta)* ④ wächst auf Wiesen, an Waldrändern und in Gebüschen. Er hat stark behaarte Blätter ③, und seine weißlich gelben Blüten sind viel kleiner als die des Klebrigen Salbeis.

TYPISCH

Beim Klebrigen Salbei ist die Unterlippe der Blüte rotbraun gezeichnet. Der gesamte Blütenstand fühlt sich klebrig an.

Gelbe Taubnessel | Goldnessel

Lamiastrum galeobdolon ssp. *montanum*

MERKMALE: Die 30–50 cm hohe Gelbe Taubnessel hat einen vierkantigen, am Grund abstehend behaarten, aufrechten Stängel ①. Ihre nesselartig gezackten Blätter ② stehen sich daran paarweise gegenüber. Den Blattachseln entsprießen quirlartige Blütenstände ④ mit lippenförmigen, goldgelben Blüten, deren Unterlippe orange gestreift ist ③. Die Pflanze vermehrt sich durch lange Ausläufer.

VORKOMMEN: Die Gelbe Taubnessel bildet in nicht allzu trockenen Laubwäldern oft ausgedehnte Bestände.

BESONDERES: Die häufig auch wintergrüne Pflanze blüht erst ab dem zweiten oder dritten Jahr. Da sich ihre Triebe bogenförmig nach unten biegen und dann an den Blattknoten, die dem Boden aufliegen, rasch Wurzeln bilden, bedeckt sie an schattigen Standorten bald größere Flächen. In Wildpflanzengärten wird vor allem eine silberblättrige Zuchtform mit weiß gefleckten Blättern angepflanzt. Sie verwildert zunehmend und hat sich neuerdings auch in freier Natur eingebürgert.

TYPISCH

Unter den Pflanzen mit nesselartigen Blättern ist die Gelbe Taubnessel die einzige gelb blühende Art.

1

2

3

4

1

2

3

4

Echtes Springkraut

Rührmichnichtan

Impatiens noli-tangere

Merkmale: Das Echte Springkraut hat einen beinahe durchsichtigen, weichen Stängel, der eine Höhe bis zu 70 cm erreicht ①. Die ovalen, am Rand leicht gezackten Blätter ② welken bei Hitze und Trockenheit sehr leicht. Die zitronengelben, eigenwillig geformten Blüten hängen an dünnen Stielen ④. Sie tragen einen dünnen, gekrümmten Sporn.

Vorkommen: Die Pflanze bevorzugt schattige Plätze und ist in Wäldern und an nicht besonnten Wegrändern mit ausreichender Luft- und Bodenfeuchtigkeit häufig zu finden.

Besonderes: Bekannt ist die kapselförmige Frucht ③, die in der Reife bei geringster Berührung aufspringt und ihre Samen weit wegschleudert. Der wissenschaftliche Name *noli-tangere*, eigentlich *noli me tangere*, bedeutet »Rühr mich nicht an« – und so wird die Pflanze auch oft genannt.

Typisch

Das Echte Springkraut ist durch die großen, gelben Blüten, die ovalen, gezackten Blätter und die typischen Früchte unverwechselbar.

Wasserschwertlilie

Gelbe Schwertlilie | *Iris pseudacorus*

Merkmale: Die auffällige Sumpfpflanze hat lange, schwertförmige Blätter und erreicht eine Höhe von 50–100 cm ①. Am runden Stiel stehen die einzelnen gelben Blüten mit sechs Kronblättern sowie drei großen, kronblattähnlichen Narben ④. Die Frucht hat die Form einer großen, länglichen Kapsel ②.

Vorkommen: Die geschützte Wasserschwertlilie wächst an Feuchtstandorten verschiedener Art, etwa am Ufer stehender und langsam fließender Gewässer, in Auwäldern und Erlenbruchwäldern. Die häufigste der heimischen Schwertlilien bildet an feuchten Standorten oft dichte Bestände.

Besonderes: Die anspruchslose Pflanze wird häufig an Gartenteichen kultiviert. Sie enthält ätherisches Öl, Schleim- und Gerbstoffe sowie unbekannte Giftstoffe, die einen scharfen Geschmack haben und beim Trocknen erhalten bleiben. Der dicke, kriechende Wurzelstock ③ wurde früher in Kombination mit Eisensalzen zum Schwarzfärben verwendet.

Typisch

Die Wasserschwertlilie ist die einzige kräftig gelb blühende Schwertlilie Europas. Das macht sie zusammen mit ihrer Größe unverwechselbar.

1

2

3

4

1

2

3

4

Gewöhnlicher Frauenmantel

Alchemilla vulgaris

MERKMALE: Die Größe der Pflanze schwankt zwischen 25 und 50 cm. Charakteristisch sind die rundlichen bis nierenförmigen Blätter, die wie ein Fächer gefaltet sind ③. Die grünlich gelben Blüten sind klein und unscheinbar ②. Sie stehen knäuelartig dicht am Ende des niederliegenden oder aufgerichteten Stängels ①.
VORKOMMEN: Der Gewöhnliche Frauenmantel ist häufig auf gedüngten Wiesen, Weiden, in Gebüschen und an grasigen Wegrändern anzutreffen. Der Standort muss feucht sein. Im Tiefland kommt die Pflanze nur vereinzelt vor, im Gebirge ist sie jedoch recht häufig.

TYPISCH

Den Blüten des Gewöhnlichen Frauenmantels fehlen bunt gefärbte Kronblätter. Sie bestehen nur aus vier grünen Kelchblättern und vier Außenkelchblättern ②.

BESONDERES: An den Blättern des Gewöhnlichen Frauenmantels fallen häufig funkelnde Wassertropfen auf, die wie Perlen an den Blatträndern hängen ④. Sie werden bei hoher Luftfeuchtigkeit von der Pflanze selbst aus winzigen Wasserspalten in den Blättern ausgeschieden.

Ährige Teufelskralle | Rapunzel

Phyteuma spicatum

MERKMALE: Der längliche, grünlich weiße Blütenstand sitzt auf einem bis zu 70 cm hohen Stängel ①. Vor dem Aufblühen sind die fünfblättrigen Blüten wie Krallen gekrümmt, daher der Name Teufelskralle. Die lang gestielten grundständigen Blätter sind herzförmig ②, die nur sehr kurz oder gar nicht gestielten Stängelblätter hingegen länglich schmal ③.
VORKOMMEN: Die Ährige Teufelskralle bevorzugt krautreiche Laub- und Mischwälder sowie Bergwiesen. In den Alpen kommt sie bis in eine Höhe von etwa 2100 m vor.

TYPISCH

Die spärlichen Stängelblätter der Ährigen Teufelskralle sind wechselständig angeordnet. Die unteren Blätter tragen oft schwärzliche Flecken.

BESONDERES: Auffallend ist der unerschöpfliche Blütenreichtum der Ährigen Teufelskralle. Der lange, walzenförmige Blütenstand bringt im oberen Bereich immer neue Einzelblüten hervor, während sich im unteren Bereich schon die Fruchtkapseln entwickeln ④. Die Pflanze führt einen Milchsaft. Ein Tee aus dem rübenartigen Wurzelstock wird in der Naturheilkunde seit alters gegen Gallensteine angewandt.

Spitzwegerich

Plantago lanceolata

Merkmale: Der in Wiesen sehr häufig wachsende Wegerich hat lange, schmale Blätter, die in einer grundständigen, meist aufgerichteten Blattrosette stehen. Die lanzettlichen, seidig behaarten Blätter verschmälern sich allmählich zu einem rinnenförmigen Blattstiel ②. Die kurzen, bräunlich-weißen Blütenähren erheben sich auf ihren bis zu 50 cm hohen, gefurchten Stielen deutlich über die Blätter ①.

Vorkommen: Sehr häufig auf Mager- und Fettwiesen sowie Viehweiden mit nährstoffreichen Böden; auch an Wegrändern.

Besonderes: Der Spitzwegerich ist eine altbekannte Heilpflanze. Seine schleimlösende und den Hustenreiz lindernde Wirkung macht Spitzwegerichsaft zu einem bewährten Hustenmittel. Die Blüten haben keinen Nektar, dennoch werden sie nicht selten durch Insekten bestäubt, die Blütenstaub sammeln.

Typisch

Die unscheinbaren Blüten stehen in dichten kopfartigen Ähren ④. Auffallend sind die lang aus den Blüten herausragenden Staubfäden, die anfangs weißlich sind und sich später braun färben ③.

Breitwegerich

Plantago major

Merkmale: Der bis 40 cm hohe Breitwegerich fällt durch seine breiten, derben und unbehaarten Blätter auf, die deutlich gestielt sind ②. Die unscheinbaren Blüten stehen in dichten, langen, grünlichen Ähren ①. Aus den gelblich weißen Kronblättern ragen rötlich lilafarbene, später gelbliche Staubbeutel hervor.

Vorkommen: Die dank ihrer Widerstandsfähigkeit heute weltweit verbreitete Pflanze kommt in größeren Beständen an Standorten vor, die eine starke Bodenverdichtung zeigen, so auf Spiel- und Liegewiesen oder an Wegen.

Typisch

Die breiten, rundlichen Blätter des Breitwegerichs weisen 3–7 deutliche Nerven auf. Sie können beim Zerreißen der Blätter herausgezogen werden.

Besonderes: Nach Nordamerika wurde die Pflanze durch die Europäer eingeführt. Bei den Indianern heißt sie daher auch »Der Tritt des weißen Mannes«. Ihre Trittfestigkeit ist tatsächlich außergewöhnlich hoch.

Ähnliche Art: Der Mittlere Wegerich *(Plantago media)* ④ wächst in trockeneren Wiesen und Weiden. Er hat wohlriechende, lilafarbene Blüten und etwas weniger breite, ungestielte oder nur kurz gestielte Blätter ③.

1

2

3

4

1

2

3

4

Sonnenwend-Wolfsmilch

Euphorbia helioscopia

MERKMALE: Der 15–30 cm hohe Stängel der Pflanze trägt ovale Blätter, die nur vorn gezackt sind ②. Der fünfstrahlige, schirmartige Blütenstand, der hellgrün gefärbt und von gleichfarbigen Hochblättern umgeben ist ①, wird stets der Sonne zugedreht (Name!). Obwohl der Blütenstand mehrere blütenblattlose, extrem reduzierte Einzelblüten ③ enthält, erweckt er durch die hellgrünen Hochblätter den Eindruck einer einzigen großen Blüte.

TYPISCH

Zur Blütezeit sind die Stängelblätter der Sonnenwend-Wolfsmilch schon vergilbt und fehlen mitunter ganz.

VORKOMMEN: An sonnigen Stellen auf Äckern und an Wegrändern.
BESONDERES: Die Pflanze führt wie alle Wolfsmilcharten einen giftigen weißen Milchsaft. Die glatten Fruchtkapseln enthalten jeweils drei Samen. In der Reife springen sie knallend auf und schleudern die Samen heraus.
ÄHNLICHE ART: Die Süße Wolfsmilch *(Euphorbia dulcis)* ④ ist größer und wächst im Wald. Ihre dunkelgrünen, unterseits blaugrünen Blätter sind länglich und verschmälern sich zum Stiel hin.

Gartenwolfsmilch

Euphorbia peplus

MERKMALE: Die zarte, kleine Wolfsmilchart wird höchstens 30 cm hoch ①. Sie hat hellgrüne, glattrandige Stängelblätter ② und einen kleinen, meist dreistrahligen Blütenschirm. Wie alle Wolfsmilchgewächse hat auch diese Art nur Scheinblüten mit einem fünfzipfeligen Hüllbecher, der zahlreiche Staubblätter und einen Fruchtknoten beherbergt. Außen herum befinden sich halbmondförmige Drüsen, die Nektar absondern. Nach der Blüte bilden sich dreiteilige Kapselfrüchte, die auf jeder Teilfrucht zwei Leisten tragen ④.

TYPISCH

Die paarig stehenden Hüllblätter im Blütenstand der Gartenwolfsmilch sind im Umriss breit dreieckig ③.

VORKOMMEN: Die kurzlebige Pflanze gedeiht in Äckern und Gärten.
BESONDERES: Nach der Samenbildung stirbt die Pflanze ab, nur die Samen überdauern. In milden Wintern können sie aber verfrüht keimen, sodass auch mehrere Generationen im Jahr auftreten können. In Gartenanlagen mit viel Erdbewegung kann die rasch wachsende Pflanze oft große Bestände bilden. Wie alle Wolfsmilcharten enthält die Gartenwolfsmilch in sämtlichen Teilen einen giftigen weißen Milchsaft.

1

2

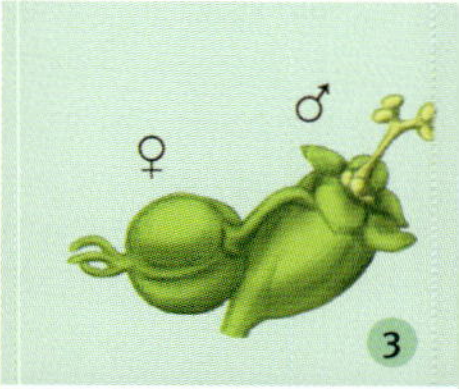
♀
♂
3

4

1

2

3

4

Zypressenwolfsmilch

Euphorbia cyparissias

MERKMALE: Die bis zu 30 cm hohe Zypressenwolfsmilch bildet grünlich gelbe Blütenstände, die schirmartig zusammengesetzt sind ①. Ihre bis zu 3 cm langen Blätter sind nadelförmig dünn, aber weich ②.

VORKOMMEN: An Böschungen und Felsfluren, auf trockenen, kalkreichen Magerwiesen sowie in lichten, trockenen Wäldern.

BESONDERES: Die Pflanze kann von einem Pilz, dem Erbsenrost, befallen werden, für den sie Zwischenwirt ist. Dadurch bekommt sie ein völlig anderes Aussehen. Der Stängel ist dann schwach und unverzweigt, die Blätter werden breiter, und auf der Blattunterseite erscheinen orangefarbene Pusteln, die die Pilzsporen enthalten.

ÄHNLICHE ART: Die Warzenwolfsmilch *(Euphorbia verrucosa)* wächst meist in Büscheln und hat breitere Blätter ③ als die Zypressenwolfsmilch. Ihre Früchte ④ zeichnen sich durch eine warzige Oberfläche aus.

TYPISCH

Die Blütenstände der Zypressenwolfsmilch sitzen auf einem vielstrahligen Doldenschirm und färben sich zur Fruchtzeit intensiv rot.

Strahlenlose Kamille

Chamomilla suaveolens

MERKMALE: Auffällig bei dieser 15–40 cm hohen Kamillenart sind ihre ovalen, grünlich gelben Blütenköpfchen ①. Die mehrreihig stehenden Hüllblätter des Blütenkorbs haben einen hellen Rand ④. Der verzweigte Stängel ist dicht mit zwei- bis dreifach fiederteiligen, fein zergliederten Blättern ② besetzt.

VORKOMMEN: Die Pflanze wächst an Wegrändern, auf Schuttplätzen und in Trittrasen, vor allem in Siedlungsnähe. Ursprünglich war die Strahlenlose Kamille in Sibirien und Nordamerika beheimatet. Ab Mitte des 19. Jahrhunderts breitete sie sich sehr schnell aus, besonders rasch entlang der Schienenwege.

BESONDERES: Diese Kamillenart übersteht Trittbelastung unbeschadet. Sie wird durch anhaftende Früchte verbreitet. Obwohl die Strahlenlose Kamille den typischen Geruch der Echten Kamille hat, ist sie kein Ersatz für diese und wird auch nicht für Tees und andere Heilzwecke verwendet.

TYPISCH

Die Strahlenlose Kamille ist durch das Fehlen der weißen Zungenblüten leicht von anderen Kamillenarten zu unterscheiden. Ihre kegeligen Blütenköpfchen sind hohl ③.

1

2

3

4

1

2

3

4

Gewöhnlicher Beifuß

Artemisia vulgaris

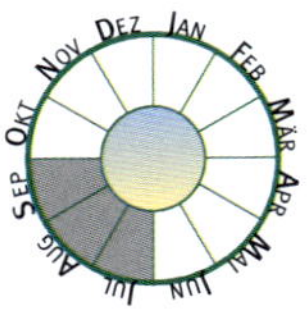

MERKMALE: Die aufrecht wachsende Pflanze erreicht eine Höhe von 50–150 cm ①. Der kantige, reich verzweigte Stängel ist leicht behaart und oft rötlich überlaufen. Die gefiederten Blätter ③ sind auf der Oberseite dunkelgrün und unbehaart, auf der Unterseite hingegen weißfilzig überzogen. Die zahlreichen kleinen Blütenköpfchen stehen in Ähren an den Stängelenden ②. Sie sind grünlich- bis gelbbraun und enthalten nur Röhrenblüten.
VORKOMMEN: An Schuttplätzen, in Unkrautfluren und Ufergebüschen in dichten Beständen.

TYPISCH

Die Blätter des Gewöhnlichen Beifußes enthalten Bitterstoffe und ätherische Öle, die beim Zerreiben einen aromatischen Duft entfalten.

BESONDERES: Beifuß ist eine alte Heilpflanze. Das frische oder getrocknete Kraut wird außerdem als Küchengewürz verwendet.
ÄHNLICHE ART: Der Echte Wermut *(Artemisia absinthium)* ④ zeichnet sich durch einen weißen Haarfilz aus, durch den seine Blätter beidseitig silbergrau wirken. Beim Zerreiben riechen sie stark aromatisch.

Kohlkratzdistel

Cirsium oleraceum

MERKMALE: Die bis zu 1,50 m hohe Kohlkratzdistel hat gelblich weiße, nur aus Röhrenblüten zusammengesetzte Blütenköpfe ③. Sie sind von bleichgrünen Hochblättern kohlblattartig eingehüllt ①. Die weichen, länglichen, im unteren Bereich der Pflanze gefiederten Blätter umfassen den Stängel ②.
VORKOMMEN: Die Pflanze wächst bevorzugt in feuchten Wiesen, Flachmooren und Gräben. Sie tritt nach dem ersten Wiesenschnitt im Mai oder Juni auffällig in Erscheinung.

TYPISCH

Die hellgrünen Blätter der Kohlkratzdistel sind mit weichen, grannenartigen Stacheln besetzt, die kaum stechen.

BESONDERES: Die Blüten werden nicht nur als Nahrungsquelle von zahlreichen Insekten besucht, sondern sie bieten den Tieren auch Unterschlupf. So verstecken sich beispielsweise Ohrwürmer gern zwischen den Hochblättern im Blütenbereich.
ÄHNLICHE ART: Die Klebrige Kratzdistel *(Cirsium erisithales)*, die in Bergwäldern und an Waldsäumen wächst, hat hellgelbe Blütenkörbe ④. Ihr Stängel ist im oberen Bereich von einem klebrigen Haarflaum bedeckt.

1

2

3

4

1

2

3

4

Behaartes Franzosenkraut

Galinsoga ciliata

Merkmale: Die winzigen Blütenköpfchen des bis zu 50 cm hohen Franzosenkrauts ① bestehen aus gelben Röhrenblüten und weißen Zungenblüten ③. Der verzweigte Stängel ist behaart, wobei die Haare besonders im Bereich der Blüten rechtwinklig abstehen. Die zugespitzten, ovalen Blätter ② sind gegenständig.
Vorkommen: Auf brachliegenden Flächen, in Äckern, Gärten und auf Schuttplätzen.
Besonderes: Das Behaarte Franzosenkraut wurde im 19. Jahrhundert aus Mittel- und Südamerika eingeführt und breitet sich derzeit immer weiter aus. In günstigen Jahren können zwei oder mehr Generationen entstehen. Aufgrund ihrer Herkunft ist die Pflanze sehr frostempfindlich. Die Samen überleben aber den Winter, sodass im nächsten Jahr neue Pflanzen keimen können.
Ähnliche Art: Das Kleinblütige Franzosenkraut *(Galinsoga parviflora)* ④ hat einen kahlen oder nur ganz schwach behaarten Stängel.

Typisch

Die winzigen weißen Zungenblüten stehen zu fünft um die ebenfalls winzigen, grünlich gelben Röhrenblüten herum ③.

Große Brennnessel

Urtica dioica

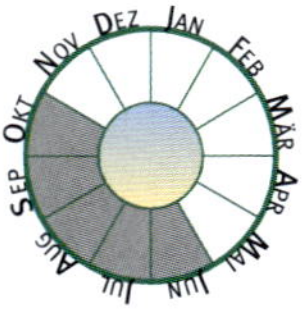

Merkmale: Die 30–150 cm hohe Große Brennnessel ist eine Staude mit aufrechtem, vierkantigem Stängel, der sich nur selten verzweigt ①. Ihre lang gestielten, gegenständigen Blätter sind oval, zugespitzt und am Rand kräftig gezackt. Stängel und Blätter sind dicht mit Haaren und Brennhaaren ③ bedeckt. Die Blüten erscheinen nach Geschlechtern getrennt auf verschiedenen Pflanzen. Männliche stehen in aufrechten Rispen in den Blattachseln, weibliche ② hängen nach der Bestäubung herab.
Vorkommen: An Wegrändern, auf Ödland und Schuttstellen in der Nähe von Siedlungen; zeigt stickstoffreichen Boden an; sehr häufig.
Bedeutung: In ihren grünen Teilen enthält die Große Brennnessel u. a. Flavonoide, Vitamine und Pflanzensäuren. Spinatähnlich zubereitet, ergeben junge Brennnesselblätter ein schmackhaftes und gesundes Gemüse.
Ähnliche Art: Die einjährig wachsende Kleine Brennnessel *(Urtica urens)* ④ wird nur etwa 50 cm hoch und hat rundlichere, kleinere Blätter.

Typisch

Die Wuchshöhe und die scharf gezackten Blätter, vor allem aber die Brennhaare machen die Große Brennnessel unverwechselbar.

1

2

3

4

1

2

3

4

Register

A

Achillea millefolium 96
Ackergänsedistel 154
Ackerglockenblume 104
Ackerhellerkraut 64
Ackerkratzdistel 46
Ackersenf 130
Ackerstiefmütterchen 164
Ackerveilchen 164
Ackerwinde 42
Ackerwitwenblume 112
Aconitum napellus 118
Aconitum variegatum 118
Aegopodium podagraria 86
Ährige Teufelskralle 174
Ajuga genevensis 122
Ajuga reptans 122
Alchemilla vulgaris 174
Alliaria petiolata 70
Allium ursinum 80
Alpenmaßliebchen 94
Alpenveilchen, Wildes 44
Anemone nemorosa 78
Anemone ranunculoides 78
Anthriscus sylvestris 86
Arctium lappa 48
Arctium tomentosum 48
Artemisia absinthium 182
Artemisia vulgaris 182
Aruncus dioicus 90
Aster bellidiastrum 94
Atropa bella-donna 32
Aufrechter Ziest 170
Augentrost, Gewöhnlicher 98

B

Bärenklau 88
Bärlauch 80
Behaarter Kälberkropf 86
Behaartes Franzosenkraut 184
Beifuß, Gewöhnlicher 182
Beinwell 108
Bellis perennis 94
Bergnelkenwurz 138
Berufkraut 92
Betonica officinalis 56
Bitteres Schaumkraut 66
Blauer Eisenhut 118
Blauer Natternkopf 120
Blutweiderich 34
Blutwurz 128
Braunellen 56
Breitblättriger Ehrenpreis 30
Breitblättriges Knabenkraut 58
Breitwegerich 176
Brennnessel 184
Brunnenkresse 70
Bunter Eisenhut 118
Bunter Hohlzahn 164
Buschwindröschen 78

C

Caltha palustris 144
Calystegia sepium 84
Campanula glomerata 104
Campanula patula 102
Campanula persicifolia 102
Campanula rapunculoides 104
Campanula rotundifolia 102
Campanula trachelium 104
Capsella bursa-pastoris 64
Cardamine pratensis 26
Cardaria draba 66
Carduus acanthoides 46
Carum carvi 86
Centaurea cyanus 114
Centaurea jacea 46
Centaurea scabiosa 46
Cerastium holosteoides 78
Chaerophyllum hirsutum 86
Chamomilla recutita 92
Chamomilla suaveolens 180
Chelidonium majus 128
Cichorium intybus 114
Cirsium arvense 46
Cirsium eriophorum 48
Cirsium erisithales 182
Cirsium oleraceum 182
Cirsium vulgare 48
Clinopodium vulgare 50
Colchicum autumnale 44
Convallaria majalis 80
Convolvulus arvensis 42
Conyza canadensis 92
Corydalis cava 60
Crepis biennis 152
Crepis capillaris 152
Crocus albiflorus 44
Cyclamen purpurascens 44
Cymbalaria muralis 126

D

Dactylorhiza maculata 58
Dactylorhiza majalis 58
Daucus carota 88
Dentaria bulbifera 26
Dianthus carthusianorum 36
Dianthus sylvestris 36
Digitalis purpurea 60
Disteln
- Ackerkratzdistel 46
- Gewöhnliche Kratzdistel 48
- Stachelige Distel 46
- Wollkopf-Kratzdistel 48

Doldiger Milchstern 82
Dornige Hauhechel 54
Drüsiges Springkraut 54

E

Echium vulgare 120
Echte Kamille 92
Echte Nelkenwurz 138
Echter Kümmel 86
Echter Salbei 120
Echter Wermut 182
Echtes Johanniskraut 134
Echtes Labkraut 130
Echtes Lungenkraut 108
Echtes Mädesüß 90
Echtes Salomonssiegel 82
Echtes Seifenkraut 34
Echtes Springkraut 172
Ehrenpreis 100
Ehrenpreis, Halbstrauchiger 30
Einjähriges Berufkraut 92
Eisenhut, Blauer 118
Epilobium angustifolium 28
Epilobium dodonaei 28
Epilobium fleischeri 28
Epilobium hirsutum 28
Erdbeere 76
Erdrauch, Gewöhnlicher 60
Erigeron annuus 92
Erodium cicutarium 40
Eupatorium cannabinum 50
Euphorbia cyparissias 180
Euphorbia dulcis 178
Euphorbia helioscopia 178
Euphorbia peplus 178
Euphorbia verrucosa 180
Euphrasia rostkoviana 98

F

Fadenehrenpreis 100
Feldklee 160
Feldkresse 66
Fetthennen 146
Filzige Klette 48
Fingerhut, Roter 60
Fingerkraut 32, 128
Fleischers Weidenröschen 28
Flockenblumen 46
Fragaria moschata 76
Fragaria vesca 76
Franzosenkraut 184
Frauenmantel 174
Frühlingsfingerkraut 138
Frühlingskrokus 44
Frühlingsschlüsselblume 136
Fuchs' Greiskraut 148
Fuchs' Kreuzkraut 148

G

Galeopsis segetum 164
Galeopsis speciosa 164
Galinsoga ciliata 184
Galinsoga parviflora 184
Galium album 68
Galium aparine 68
Galium odoratum 68
Galium verum 130
Gamander-Ehrenpreis 100
Gänseblümchen 94
Gänsedisteln 150, 154
Gänsefingerkraut 138
Gartenwolfsmilch 178
Gefleckte Taubnessel 62, 98
Geflecktes Johanniskraut 134
Geflecktes Knabenkraut 58
Geflecktes Lungenkraut 108
Geißfuß 86
Gelbe Mummel 142
Gelbe Schwertlilie 172
Gelbe Taubnessel 170
Gelbe Teichrose 142
Gelber Hohlzahn 164
Gelbes Windröschen 78
Genfer Günsel 122
Geranium pratense 106
Geranium robertianum 40
Geranium sylvaticum 40
Geruchlose Kamille 92
Geum montanum 138
Geum urbanum 138
Gewöhnliche Braunelle 56
Gewöhnliche Flockenblume 46
Gewöhnliche Knoblauchsrauke 70
Gewöhnliche Kratzdistel 48
Gewöhnliche Lupine 118
Gewöhnliche Pechnelke 38
Gewöhnliche Pestwurz 96
Gewöhnliche Schafgarbe 96
Gewöhnliche Vogelmiere 74
Gewöhnliche Wegwarte 114
Gewöhnliche Zaunwinde 84
Gewöhnlicher Augentrost 98
Gewöhnlicher Beifuß 182
Gewöhnlicher Beinwell 108
Gewöhnlicher Erdrauch 60
Gewöhnlicher Frauenmantel 174
Gewöhnlicher Gilbweiderich 134
Gewöhnlicher Hornklee 162
Gewöhnlicher Natternkopf 120
Gewöhnlicher Reiherschnabel 40
Gewöhnliches Greiskraut 150
Gewöhnliches Hornkraut 78
Gewöhnliches Leimkraut 72
Gewöhnliches Leinkraut 166
Gilbweiderich 134
Glänzende Skabiose 112
Glechoma hederacea 122
Glockenblumen
- Ackerglockenblume 104
- Knäuelglockenblume 104
- Nesselblättrige Glockenblume 104
- Pfirsichblättrige Glockenblume 102
- Rundblättrige Glockenblume 102
- Wiesenglockenblume 102

Goldnessel 170
Goldrute 148
Grannenklappertopf 168
Greiskraut
- Fuchs' Greiskraut 148
- Gewöhnliches Greiskraut 150
- Haingreiskraut 148
- Jakobs-Greiskraut 150

Großblütige Braunelle 56
Große Brennnessel 184
Große Klette 48
Große Sternmiere 74
Großer Klappertopf 168
Großer Wiesenknopf 52
Großes Schöllkraut 128
Gundelrebe 122
Gundermann 122
Günsel 122
Gymnadenia conopsea 58

H

Hahnenfuß 140
Haingilbweiderich 142
Haingreiskraut 148
Hainveilchen 126
Hainwachtelweizen 166
Halbstrauchiger Ehrenpreis 30
Hauhechel, Dornige 54
Heidegünsel 122
Heilziest 56
Hepatica nobilis 110
Heracleum mantegazzianum 88
Heracleum sphondylium 88
Herbstzeitlose 44
Hieracium pilosella 158
Hippocrepis comosa 162
Hirtentäschel 64
Hohe Schlüsselblume 136
Hohler Lerchensporn 60
Hopfenklee 160
Hornklee, Gewöhnlicher 162
Hornkraut, Gewöhnliches 78
Hufeisenklee 162
Huflattich 158
Hypericum maculatum 134
Hypericum perforatum 134

I

Immergrün, Kleines 110
Impatiens glandulifera 54
Impatiens noli-tangere 172
Iris pseudacorus 172

J

Jakobs-Greiskraut 150
Johanniskraut 134

K

Kälberkropf, Behaarter 86
Kamille 92
Kanadische Goldrute 148
Kanadisches Beruf-
kraut 92
Kartäusernelke 36
Klappertopf 168
Klatschmohn 30
Klatschnelke *siehe*
Taubenkropf-Leim-
kraut 72
Klebrige Kratzdistel 182
Klebriger Salbei 170
Klee
Gewöhnlicher Horn-
klee 162
Hopfenklee 160
Hufeisenklee 162
Mittlerer Klee 52
Rotklee 52
Schneckenklee 160
Schwedenklee 90
Weißklee 90
Wiesenklee 52
Kleinblütige Königs-
kerze 132
Kleinblütiges Franzosen-
kraut 184
Kleine Brennnessel 184
Kleiner Klappertopf 168
Kleines Habichts-
kraut 158
Kleines Immergrün 110
Kleinköpfiger Pippau 152
Klettenlabkraut 68
Knabenkraut 58
Knäuelglockenblume 104
Knautia arvensis 112
Knautia dipsacifolia 112
Knoblauchsrauke, Gewöhn-
liche 70
Knolliger Hahnenfuß 140
Knotiger Beinwell 108
Kohlgänsedistel 150
Kohlkratzdistel 182
Königskerze 132
Kornblume 114
Kratzdisteln 182
Kresse
Brunnenkresse 70
Feldkresse 66
Pfeilkresse 66
Kriechender Günsel 122
Kriechender Hahnen-
fuß 140
Kriechendes Finger-
kraut 128
Kuckuckslichtnelke 38
Kuhblume 156
Kümmel, Echter 86

L

Labkraut 68
Lamiastrum galeobdolon
ssp. *montanum* 170
Lamium album 98
Lamium amplexicaule 62
Lamium maculatum 62, 98
Lamium purpureum 62
Lapsana communis 152
Lathyrus pratensis 162
Leberblümchen 110
Leimkraut
Gewöhnliches Leim-
kraut 72
Nickendes Leimkraut 72
Rotes Leimkraut 36
Stängelloses Leim-
kraut 36
Taubenkropf-Leim-
kraut 72
Leontodon helveticus 154
Leontodon hispidus 154
Lepidium campestre 66
Lerchensporn, Hohler 60
Leucanthemum vulgare 94
Lichtnelken
Kuckuckslichtnelke 38
Rote Lichtnelke 36
Weiße Lichtnelke 72
Linaria vulgaris 166
Löwenzahn 154, 156
Lungenkraut, Echtes 108
Lupine, Gewöhnliche 118
Lupinus polyphyllus 118
Luzerne *siehe*
Saatluzerne 116
Lychnis flos-cuculi 38
Lychnis viscaria 38
Lysimachia nemorum 142
Lysimachia
nummularia 142
Lysimachia punctata 134
Lysimachia vulgaris 134
Lythrum salicaria 34

M

Mädesüß, Echtes 90
Maiglöckchen 80
Malva alcea 42
Malva sylvestris 42
Malven 42
Margerite 94
Mauerlattich 146
Mauerleinkraut 126
Mauerpfeffer 146
Mausohr-Habichts-
kraut 158
Medicago lupulina 160
Medicago sativa 116
Melampyrum
nemorosum 166
Melampyrum
pratense 166
Mentha aquatica 116
Mentha longifolia 116
Milde Fetthenne 146
Milder Mauerpfeffer 146
Mittlerer Klee 52
Mittlerer Wegerich 176
Mohn *siehe*
Klatschmohn 30
Mückenhändelwurz 58
Mummel, Gelbe 142
Mycelis muralis 146
Myosotis palustris 106
Myosotis sylvatica 106
Myosoton aquaticum 78

N

Nasturtium officinale 70
Natternkopf, Gewöhn-
licher 120
Nelken
Gewöhnliche Pech-
nelke 38
Kartäusernelke 36
Steinnelke 36
Nelkenwurz 138
Nesselblättrige Glocken-
blume 104
Nickendes Leimkraut 72
Nuphar lutea 142
Nymphaea alba 84

O

Ononis spinosa 54
Orchis mascula 58
Oregano 50
Origanum vulgare 50

Ornithogalum umbellatum 82
Oxalis acetosella 76

P

Papaver rhoeas 30
Pechnelke, Gewöhnliche 38
Persischer Ehrenpreis 100
Pestwurz 96
Petasites albus 96
Petasites hybridus 96
Pfeilkresse 66
Pfennigkraut 142
Pfirsichblättrige Glockenblume 102
Phyteuma spicatum 174
Pippau 152
Plantago lanceolata 176
Plantago major 176
Plantago media 176
Polygonatum multiflorum 82
Polygonatum odoratum 82
Potentilla anserina 138
Potentilla erecta 128
Potentilla palustris 32
Potentilla reptans 128
Potentilla tabernaemontani 138
Primula elatior 136
Primula veris 136
Primula vulgaris 136
Prunella grandiflora 56
Prunella vulgaris 56
Pulmonaria officinalis 108
Punktierter Gilbweiderich 134
Pusteblume 156

R

Rainfarn 160
Rainkohl 152
Ranunculus acris 140
Ranunculus bulbosus 140
Ranunculus ficaria 144
Ranunculus nemorosus 140
Ranunculus repens 140
Rapunzel 174
Raue Gänsedistel 150
Rauer Löwenzahn 154
Rauhaariger Kälberkropf 86
Reiherschnabel, Gewöhnlicher 40
Rhinanthus alectorolophus 168
Rhinanthus angustifolius 168
Rhinanthus glacialis 168
Rhinanthus minor 168
Riesenbärenklau 88
Riesengoldrute 148
Rosenmalve 42
Rosmarin-Weidenröschen 28
Rossminze 116
Rote Lichtnelke 36
Rote Pestwurz 96
Rote Taubnessel 62
Roter Fingerhut 60
Rotes Leimkraut 36
Rotklee 52
Rührmichnichtan 172
Rundblättrige Glockenblume 102
Ruprechtskraut 40

S

Saathohlzahn 164
Saatluzerne 116
Salbei 120, 170
Salomonssiegel, Echtes 82
Salvia glutinosa 170
Salvia officinalis 120
Salvia pratensis 120
Sanguisorba officinalis 52
Saponaria officinalis 34
Sauerklee *siehe* Waldsauerklee 76
Scabiosa columbaria 112
Scabiosa lucida 112
Schafgarbe, Gewöhnliche 96
Scharbockskraut 144
Scharfe Fetthenne 146
Scharfer Hahnenfuß 140
Scharfer Mauerpfeffer 146
Schaumkraut, Bitteres 66
Schlüsselblumen 136
Schmalblättriges Weidenröschen 28
Schneckenklee 160
Schöllkraut, Großes 128
Schwarze Königskerze 132
Schwedenklee 90
Schweizer Löwenzahn 154
Sedum acre 146
Sedum sexangulare 146
Seerose, Weiße 84
Seifenkraut, Echtes 34
Senecio hercynicus 148
Senecio jacobea 150
Senecio ovatus 148
Senecio vulgaris 150
Senf 130
Sigmarswurz 42
Silene acaulis 36
Silene alba 72
Silene dioica 36
Silene nutans 72
Silene vulgaris 72
Sinapis alba 130
Sinapis arvensis 130
Skabiosen 112
Skabiosenflockenblume 46
Solidago canadensis 148
Solidago gigantea 148
Sonchus arvensis 154
Sonchus asper 150
Sonchus oleraceus 150
Sonnenwend-Wolfsmilch 178
Spitzwegerich 176
Springkraut, Drüsiges 54
Stachelige Distel 46
Stachys palustris 34
Stachys recta 170
Stachys sylvatica 56
Stängellose Schlüsselblume 136
Stängelloses Leimkraut 36
Stängelumfassende Taubnessel 62
Stattliches Knabenkraut 58
Steinnelke 36
Stellaria holostea 74
Stellaria media 74
Sternmiere, Große 74
Stiefmütterchen 164
Stinkender Storchschnabel 40
Stolzer Heinrich *siehe* Natternkopf 120
Storchschnabel
- Stinkender Storchschnabel 40
- Waldstorchschnabel 40
- Wiesenstorchschnabel 106

Strahlenlose Kamille 180
Straußblütige Wucherblume 160

Sumpfblutauge 32
Sumpfdotterblume 144
Sumpffingerkraut 32
Sumpf-Vergissmeinnicht 106
Sumpfziest 34
Süße Wolfsmilch 178
Symphytum officinale 108
Symphytum tuberosum 108

T

Tanacetum corymbosum 160
Tanacetum vulgare 160
Taraxacum officinale 156
Taubenkropf-Leimkraut 72
Taubenskabiose 112
Taubnessel
Gefleckte Taubnessel 62, 98
Gelbe Taubnessel 170
Rote Taubnessel 62
Stängelumfassende Taubnessel 62
Weiße Taubnessel 98
Teichrose, Gelbe 142
Thlaspi arvense 64
Tollkirsche 32
Tragopogon pratensis 156
Trifolium campestre 160
Trifolium hybridum 90
Trifolium medium 52
Trifolium pratense 52
Trifolium repens 90
Tripleurospermum perforatum 92
Trollblume 144
Trollius europaeus 144
Tüpfelhartheu 134
Tüpfelstern 134
Tussilago farfara 158

U

Urtica dioica 184
Urtica urens 184

V

Verbascum densiflorum 132
Verbascum nigrum 132
Verbascum thapsus 132
Vergissmeinnicht 106
Veronica chamaedrys 100
Veronica filiformis 100
Veronica fruticulosa 30
Veronica officinalis 100
Veronica persica 100
Veronica urticifolia 30
Vicia cracca 124
Vicia sepium 124
Vicia sylvatica 124
Vielblättrige Lupine 118
Vielblütige Weißwurz 82
Vinca minor 110
Viola arvensis 164
Viola reichenbachiana 126
Viola riviniana 126
Viola tricolor 164
Vogelmiere, Gewöhnliche 74
Vogelwicke 124

W

Waldehrenpreis 100
Walderdbeere 76
Waldgeißbart 90
Waldhahnenfuß 140
Waldmeister 68
Waldnessel *siehe* Waldziest 56
Waldsauerklee 76
Waldstorchschnabel 40
Waldveilchen 126
Wald-Vergissmeinnicht 106
Waldwicke 124
Waldwitwenblume 112
Waldziest 56
Warzenkraut *siehe* Großes Schöllkraut 128
Warzenwolfsmilch 180
Wasserdarm 78
Wasserdost 50
Wasserhanf 50
Wasserminze 116
Wasserschwertlilie 172
Wegerich 176
Wegwarte, Gewöhnliche 114
Weidenröschen 28
Weiße Lichtnelke 72
Weiße Pestwurz 96
Weiße Seerose 84
Weiße Taubnessel 98
Weißer Senf 130
Weißklee 90
Weißwurz 82
Wicken 124
Wiesenbärenklau 88
Wiesenbocksbart 156
Wiesenflockenblume 46
Wiesenglockenblume 102
Wiesenkerbel 86
Wiesenklee 52
Wiesenknopf, Großer 52
Wiesenlabkraut 68
Wiesenpippau 152
Wiesenplatterbse 162
Wiesenprimel 136
Wiesensalbei 120
Wiesenschaumkraut 26
Wiesenschlüsselblume 136
Wiesenstorchschnabel 106
Wiesenwachtelweizen 166
Wiesenwucherblume 94
Wilde Malve 42
Wilde Möhre 88
Wilder Dost 50
Wilder Knoblauch 80
Wilder Majoran 50
Wildes Alpenveilchen 44
Wildes Stiefmütterchen 164
Wirbeldost 50
Witwenblume 112
Wohlriechende Weißwurz 82
Wolfsmilch 178
Wollkopf-Kratzdistel 48

Z

Zahnwurz, Zwiebeltragende 26
Zaungiersch 86
Zaunwicke 124
Zaunwinde, Gewöhnliche 84
Ziest, Aufrechter 170
Zimbelkraut 126
Zimterdbeere 76
Zottiger Klappertopf 168
Zottiges Weidenröschen 28
Zwiebeltragende Zahnwurz 26
Zypressenwolfsmilch 180

Bildnachweis

Titelbild: Gewöhnlicher Hornklee
Seite 6/7: Sommerwiese
Seite 24/25: Wiesenschaumkraut

Bleinagel: 19 u. mi. li.; blickwinkel: (Perseke) 16, 22 li. o., re. o., 151 o. li., 153 u. re., 155 u.li., 159 u. re., 161 o. li., 171 o. li., (Schaber) 23 re. mi. o., (Tomm) 9 li. o., li. mi.; Diedrich: 15 mi., 21 mi. u., 51 u. re.; Eisenbeiss: 9 re., 13 re. u., 18 mi. re., re., 29 o. re., 35 o. re., u. re., 37 u. li., 41 o. li., 43 o. li., 47 o. re., u. re., 49 u.li., u. re., 59 u. re., 61 o. li., 81 u.li., 99 o. li., 103 o. re., u. re., 105 u. li., 109 o., 119 o. li., o. re., 123 o. li., u. li., 135 u. li., u. re., 143 o. re., 145 o., 157 u. li., 171 u. li., u. re., 173 u. re., 181 o. li., 183 o. re., 185 u.; Garnweidner: 11 o., 18 li., mi. li., 37 u. re., 45 o. li., 109 u. re., 113 u. re., 131 o. li., o. re., 137 o. re., u. re., 141 o. re., 165 u. re., 169 u. li.; Giel: 75 o. re., 81 u. re.; Himmelhuber: 69 o.; Hinz: 53 o. re., 57 o. li., 71 o. li., o. re., 87 o. re., 91 o. re., 93 o. re., 115 o. re., 117 u. li., 121 u. re., 127 o. li., 147 o. re., 161 u.; Hofrichter: U 2 u., 8, 10 u. mi., 19 u. re., 23 re. mi. u., 95 o. re., 133 o. re., 143 u. re., 145 o. li.; Kremer: Seite 65 u. re.; Labhardt: 2 mi., 3 o.; Lauber: 23 re. u., 29 u. li., u. re., 31 u.li., 33 u., 41 o. re., 45 o. re., 67 u. re., 73 o. re., 77 u. re., 79 u. re., 83 u. re., 91 u. re., 105 u. re., 109 o. li., 111 u. re., 113 o. re., u. li., 117 o. re., 147 u. re., 149 u. re., 155 u. re., 157 u. re., 161 o. re., 163 o. re., 169 o. re., 177 o. li., 179 u. re., 181 o. re., u. re., 185 o. re., U 4 re.; Laux: 55 o. li., u. re., 61 u. re., 71 u. re., 125 o. re., 139 o. li., u. re., 153 o. li., o. re., 167 o. re., 185 u. re.; Limbrunner: 53 o. li., 79 u. li., 83 o. re., 89 o. re.; Marktanner: 33 o., o. li., u. re., 133 u. re.; Pforr: U 1, U 2 li. o., 9 li.u., 10 u. li., u. re., 13 re. o., 14, 15 u., 19 u. li., 21 mi. o., u., 23 li. mi. o., 27 o. li., o. re., 31 o., o. li., 37 o. li., o. re., 39 o., 45 u., u. re., 47 u. li., 49 o. re., 51 u. li., 53 u. li., 57 o. re., 59 o. re., 63 u. re., 65 u. li., 69 o. li., 73 o. li., u. li., u. re., 75 o. li., u. re., 77 o. li., o. re., u., 79 o. re., 83 o. li., u., 85 o. re., u. re., 87 u. li., u. re., 91 u. li., 95 u. li., u. re., 97 o. re., u. re., 99 u. li., 101 u. li., 105 o. li., o. re., 107 u. li., 109 u., 111 o. li., u. li., 113 o. li., 115 u. re., 117 o. li., 121 u. li., 125 o. li., 127 o., u. re., 129 o. re., u. re., 131 u. li., 133 o. li., 135 o. re., 137 u., 139 o., u., 141 u. re., 143 o. li., u. li., 145 u. re., 147 o.li, 151 o. re., u. li., u. re., 153 u. li., 155 o. li., o. re., 157 o. li., 159 o. li., u. li., 161 u. re., 163 u. li., 165 o. li., o. re., 173 o. re., 175 o. li., u. re., 177 u. re., 183 o. li., U 4 li.; Popp: 20 o.; Reinhard, H.: U 2 re. o., 2 u., 6/7, 10 o., 19 o., u. mi. re., 20 mi. o., mi. u., 21 o., 22 li.u., 23 li. o., li. mi. u., re. o., 29 o. li., 35 o. li., u. li., 39 o. li., u. li., u. re., 41 u. li., 43 u. li., 47 o. li., 49 o. li., 51 o. re., 55 u. li., 57 u. re., 67 o. re., 71 u. li., 81 o. li., o. re., 85 o. li., u. li., 91 o. li., 93 u. li., u. re., 95 o. li., 97 o. li., 99 o. re., 101 o. re., 103 o. li., u. li., 107 o. li., 115 o. li., u. li., 119 u. li., 129 o. li., u. li., 135 o. li., 137 o. li., 141 o. li., 147 u. li., 157 o., 159 o., 175 u. li., 177 u. li., 183 u. li., u. re., Reinhard, N.: 89 u. re., 119 u. re., 133 u. li., 149 o. li., 163 u. re., 173 u. li., Schrempp: U 2 re. mi., 20 u., 27 u. re., 31 u. re., 41 u. re., 43 o. re., 53 u. re., 55 o. re., 61 o. re., u. li., 63 o. re., 75 u. li., 79 o. li., 99 u. re., 101 o. li., u. re., 111 o. re., 123 o., 125 u. li., 145 u. li., 149 u. li., 165 u. li., 167 u. re., 179 o. li., o. re., 185 o. li.; Silvestris online: (Bohler) 51 o. li., (Giel) 22 re. u., (Gross) 3 u.,181 u. li., (Hecker) 67 o. li., 121 o. re., (Heppner) 69 u. re., 149 o. re., (Jacobi) 11 mi. u., 13 li.u., 15 o., (Kuch) 67 u. li., 89 o. li., (Partsch) 59 o. li., (Roland) 131 u. re., (Schweinsberg) 97 u. li., (Singer) 167 u. li., (Skibbe) 11 u., (Sohns) 69 u., (Usher) 11 mi. o., (Wagner) 141 u., 169 u. re., (Willner) 107 u. re., (Wothe) 171 o. re.; Stein: 2 o.; Willner, O.: U 2 li. mi., 59 u. li., 65 o. re., 93 o. li.; Willner, W.: 13 li. o., 24/25, 43 u. re., 57 u. li., 63 u. li., 65 o. li., 87 o. li., 89 u. li., 107 o. re., 117 u. re., 123 u. re., 125 u. re., 167 o. li., 175 o. re., 177 o. re., 179 u. li.; Zeininger: 63 o. li., 121 o. li., 127 u., 169 o. li., 173 o. li.; Zepf, E.: 23 li. u., 27 u. li., 163 o. li.

Impressum

Sonderausgabe für die ADAC Verlag GmbH, München

Programmleitung: Steffen Haselbach
Leitende Redaktion: Anita Zellner
Redaktion: Dr. Michael Eppinger, Dr. Helga Hofmann
Umschlaggestaltung: Parzhuber & Partner, München
Layout: H. Bornemann Design
Illustrationen: Peter Braun, atelier amAldi
Satz: Filmsatz Schröter, München
Produktion: Petra Roth
Repro: Penta, München
Gesamtherstellung: G. Canale & C. S. p. A., Borgaro Tse. (Torino)

Printed in Italy
ISBN 3-89905-331-1

Wichtiger Hinweis
Die Daten und Fakten dieses Ratgebers wurden mit äußerster Sorgfalt recherchiert und geprüft. Dennoch kann eine Garantie nicht übernommen werden. Eine Haftung des Verlages für Personen-, Sach- und Vermögensschäden ist ausgeschlossen.